호시탐탐
내 아이
진로 찾기

호시탐탐
내 아이 진로 찾기

사교육 아빠 공교육 엄마의 진로 내비게이션

초 판 1쇄 2025년 06월 13일

지은이 박영민, 지하나
펴낸이 류종렬

펴낸곳 미다스북스
본부장 임종익
편집장 이다경, 김가영
디자인 윤가희, 임인영
책임진행 이예나, 김요섭, 안채원, 김은진, 장민주

등록 2001년 3월 21일 제2001-000040호
주소 서울시 마포구 양화로 133 서교타워 711호
전화 02) 322-7802~3
팩스 02) 6007-1845
블로그 http://blog.naver.com/midasbooks
전자주소 midasbooks@hanmail.net
페이스북 https://www.facebook.com/midasbooks425
인스타그램 https://www.instagram.com/midasbooks

ⓒ 박영민, 지하나, 미다스북스 2025, *Printed in Korea.*

ISBN 979-11-7355-264-9   03370

값 21,000원

※ 파본은 구입하신 서점에서 교환해드립니다.
※ 이 책에 실린 모든 콘텐츠는 미다스북스가 저작권자와의 계약에 따라 발행한 것이므로 인용하시거나 참고하실 경우 반드시 본사의 허락을 받으셔야 합니다.

미다스북스는 다음세대에게 필요한 지혜와 교양을 생각합니다.

호시탐탐 내 아이 진로 찾기

사교육 아빠 공교육 엄마의 진로 내비게이션

박영민
지하나

미다스북스

호시탐탐.

크게 웃었다.

역시 박영감과 지하나 샘!

그들의 개성과 매력이 그대로 담겨져 있다.

진로는 큰맘으로 목표 학교에 입학에 성공할 때까지 이 악물고 내달리는 지루한 레이스가 아니라 매 순간 호시탐탐 재미와 의미를 찾아가는 즐거운 여행으로 만들 수 있다는 역발상! 투어라니! 심지어 그 여행에 대한 기술적 접근까지 더해 진로 내비게이션을 완성하여 탑재한 것은 '신의 한 수'가 되었다. 난생처음 만나는 스페셜 내비게이션.

목차와 소제목 하나하나마다 눈이 휘둥그레진다. 이런 멋진 책이 늦은 감이 없지 않지만 이제라도 나와주었다는 것! 그리고 실제 고등학교에서 아이들과 울고 웃으며 살아내고 있는 현직 고등학교 선생님과 사교육에서 아이들과 함께한 생생한 경험을 바탕으로 한 저작이라는 점이 눈물 나도록 반갑고 귀하다.

어떻게 아이와 진로를 준비해야 할지 난감한 엄마, 아빠들이여! 신나는 진로 투어를 호시탐탐 즐겨보시길~ 이 책 한 권이 선사하는 인사이트로 돌파구를 만들어보시길!

내 아이들 입시를 다 마친 시점에서 이런 책이 나오다니… 내심 크게 아쉽다. 그러나, 강권한다. 부모들 진로를 통해 입시 준비력이 일취월장하실 것을 믿어 의심치 않는다. 아이들과의 길고도 즐거운 진로 투어, 떠나봅시다!

— **강혜정**(영화사 '외유내강' 대표, 〈베테랑1, 2〉, 〈모가디슈〉, 〈엑시트〉 등 다수 제작)

진로는 단순한 직업 선택이 아니라, 아이 인생의 철학을 세우는 일입니다.

『호시탐탐 내 아이 진로 찾기』는 부모의 언어와 태도가 어떻게 아이의 진로를 형성하는지, 실제적인 사례와 철학으로 조곤조곤, 그러나 단단하게 풀어냅니다.

이 책은 '진로=성적'이라는 공식에 갇힌 교육 현실에, '진로=행복'이라는 대안을 제시합니다. 아이의 고생을 덜어주는 길은, 목적을 발견하게 해주는 것임을 명쾌하게 보여줍니다.

무엇보다 부모가 먼저 깨어나야 한다는 강력한 메시지가 담겨 있습니다.

사교육 아빠와 공교육 엄마가 만나 빚어낸 이 책은 대한민국 부모들이 꼭 함께 읽고 토론해야 할 진로교육의 교과서입니다.

모든 아이가 '호시탐탐' 자기 인생을 탐험하며 살아가기를 꿈꾸는 부모에게 이 책은 가장 따뜻하고 실천적인 나침반이 되어줄 것입니다.

— **김미경**(강사, MKYU 대표, 『딥 마인』 저자)

공학을 가르치는 사람으로서 저는 항상 '문제 해결(problem solving)'의 중요성을 강조해 왔습니다. 이 책은 '문제(problem)'라는 단어의 어원에서 출발하여 그것이 단지 골칫거리가 아닌 '앞으로 나아가게 하는 계기'임을 통찰력 있게 풀어냅니다. 마치 엔지니어링에서 실패가 더 나은 설계를 낳듯이 진로의 혼란과 방황 또한 성장의 동력이 될 수 있음을 깨닫게 합니다.

『호시탐탐 내 아이 진로 찾기』는 단순한 진로 안내서가 아닙니다. 아이와 부모가 함께 삶의 구조를 설계하고 자기만의 시스템을 구축해 가는 여정입니다. 특히 진로를 '삶의 철학'으로 보고 교육 현장에서 간과되기 쉬운 의미와 동기의 연결 고리를 촘촘히 짚어가는 모습은 인상적입니다. 미래를 설계하는 젊은이들과 그들을 돕고자 하는 모든 이들에게 이 책은 훌륭한 나침반이 되어줄 것입니다.

— **성민기**(세종대학교 건축공학부 교수)

이 책은 단순한 '진로교육서'가 아니다. 아이와 부모가 함께 사유의 문턱에 서도록 이끄는, 삶의 입문서다. 책은 '해야 한다'는 무게로 등을 떠밀지 않는다. 대신 '왜 해야 하는가'를 묻는다. 그리고 그 질문 속에서, 아이는 자기 삶을 깊이 있게 바라보는 틈을 얻게 된다. 결국 아이가 자꾸 멈춰 서는 건, 길이 없어서가 아니라, 그 길에서 함께 질문을 던져줄 사람이 없기 때문은 아닐까. 이 책이 흔들리는 당신과 아이를 붙잡아 줄, 진로라는 여정 속 든든한 닻이 되어줄 것이다.

결혼한 지 5년이 흘렀지만, 자녀가 없다. 두렵기 때문이다. 내가 좋은 부모가 될 수 있을까? 다른 이에게 말하듯, 아이에게 세계의 다양한 모습과 그 안에 속한 사람들의 이야기를 충분히 들려줄 수 있을까? 나는 아직 그 답을 내 안에서 발굴하는 중이다. 그리고 이 책은, 그 발굴 과정 속에서 빛처럼 다가왔다. 그 빛 안에서, 나는 태어나지 않은 아이와 함께 박람회를 다녔고, 드라마를 보며 울고 웃었다. 미래에 대해 열띤 토론을 나누고, 당신과 같은 사람을 찾아, 아이의 진로, 그 현재와 미래를 묻기도 했다. 물론, 그 빛이 꺼졌을 때는 조바심이 일기도 했다. 내가 보여준 세계가 아이의 세계를 결정해 버릴까 봐. 아이 역시 그 세계에 만족하지 못할까 봐. 그럴 때마다, 미래의 아이는(설명하기 어렵고 정말 왜인지 모르겠는데) 마음을 툭툭 건드리며 "괜찮아, 괜찮아. 아빠도 처음이니까." 하고 속삭였다. 그래, 우리는 모두 처음이지. 나도 처음이고, 너도 처음이지.

『호시탐탐 내 아이 진로 찾기』는 다 읽고 나서, 나는 '처음인 학부모'에게 이 책만큼은 꼭 일독을 권하고 싶어졌다. 나는 시각화할 수 있다면, 결국 그 일을 해낼 수 있다고 믿는 편인데, 이 책은 나로 하여금 끊임없이 상상하게 만들었기 때문이다. 그래서 확신한다. 이 책은 흔들리는 당신과 아이를 붙잡아 줄, 진로라는 여정 속 소중한 닻이 되어줄 것이다.

— 이대로 ('위드러너' 대표)

"대한민국에 이런 교사가 있다니."
"이런 선생님과 프로그램이 없는 학교의 학생들은 어쩌란 말인가요?"
지하나 선생님을 소개한 신문 기사에 달린 댓글들입니다.
이러한 아쉬움을 해소하듯, 27년 교직 현장에서 아이들과 부딪히며 얻은 살아 있는 경험이 담긴 책이 출간되어 반갑습니다.
초등 자녀의 진로교육이 막막하게 느껴졌던 부모에게 유용한 실전서입니다. 사교육과 공교육에서 얻은 다양한 사례는 현실적인 방향을 제시합니다.
작은 흥미에서 시작된 진로의 씨앗을 어떻게 키울지, 일상 속에 숨겨진 진로를 어떻게 발견할지에 대한 실질적인 팁이 가득한 책입니다.

— 이지은(교육 전문 기자, 전 〈중앙일보〉 교육 섹션 담당)

『호시탐탐 내 아이 진로 찾기』를 한달음에 읽었습니다. 그리고 푸름 엄마에게 "책 내용 참 좋아, 잘 썼어, 이건 경험에서 나온 것이고 아이들이 자신의 진로를 찾아가는 데 도움이 되겠네." 하고 한마디 했습니다.
저자는 진로교육을 "우리가 누구이며, 무엇을 좋아하고 잘하는지, 세상에서 어떤 역할을 하고 싶은지에 대한 깊은 탐구"라고 말하고 있습니다. 저도 이 말에 동의합니다.
아이들은 내면에 자신이 누구인지를 알고 싶은 엄청난 호기심이 있지요. 그래서 세상을 탐험합니다. 좋아하는 것을 하면서 몰입하고, 자신이 좋아하는 분야에서 다양한 경험을 가지면서 유능해지고, 업으로 선택하면 자아실현과 동시에 수익도 얻으면서 세상에 기여하지요.
내 아이가 직업을 통해 축복도 받아들이면서 행복하고 세상을 이롭게 하는 충만한 삶을 살기 원한다면 그것을 아는 사람이 알려주고 배워야 합니다. 저자는 진로교육에 몸담고 있으면서 경험한 다양하고 구체적인 내용을 자식뿐만 아니라 많은 사람에게 적용하고 실천하면서 교육의 본질에 대하여 알게 되었습니다.

이 책을 읽으면서 여러 사례 중에 주식으로 적성을 찾아내는 방법은 구체적이며 흥미롭고, 푸름이 어린 시절에 알았다면 푸름이에게도 적용시키고 방향을 알려주고 싶은 내용이네요.

아이들의 진로교육은 장기적인 시각으로 아이 자신이 누구인지 알게 해주는 사랑의 교육이 되어야 함을 이 책을 통해 알게 되었습니다.

부모는 아이들의 운명이지요. 부모님이 먼저 읽고 실천하면서 자녀를 행복하고 유능한 인재로 키우기 바랍니다.

— **최희수**(『거울 육아』 저자 푸름이빠)

* 추천사는 '가나다' 순으로 수록되어 있습니다.

problem을 통해 앞으로, 함께

"너는 커서 뭐가 되고 싶니?" 참 자주 던져지는 질문입니다. 그런데 어릴 때부터 놀이 또는 숙제만 해 왔을 뿐, 진심으로 무엇이 되고 싶다는 걸 체계적으로 살펴본 적이 없습니다. 이때 뭐가 될지 모르겠다고 대답하면 참 개념이 없어 보이기 때문에, 단지 그 순간 상황에 맞춰 적당한 답을 내놓게 될 때가 많습니다. 급한 마음에 '있어 보이는' 직업이나 약간 관심 있던 것을 대답해 버리고, 또 같은 상황이 반복되면 비슷하게 대답하고, 이렇게 반복되다 보면 자신도 모르게 그게 진짜 꿈이었던 것처럼 고정되는 경우가 많습니다.

대학 진학 때도 비슷한 상황이 벌어집니다. 대학의 이름값이나 사회적 이미지에 더 중점을 두다 보니 점수에 맞춰 과가 획획 바뀌기도 하고, 그 선택이 마음에 들지 않으면 다시 반수나 재수를 하는 테크트리를 밟습니다. 그렇게 어렵사리 대학에 들어가도 대학 이후의 산업계에 대한 관심은 적고, 결국 자신이 원하는 직업이 아닌 전혀 관련 없거나 조건이 맞지 않는 일을 하게 되는 경우가 많습니다. 어릴 때부터 막연히 상상하던 모습, 또 어릴 때부터 부모와 함께 누려왔던 눈높이에 전혀 맞지 않기 때문에 취업 활동을 접어 버리고 방에 틀어박히는 우울한 상황도 매우 많이 발생합니다.

진로라는 주제는 단순한 직업 선택을 넘어섭니다. 그것은 우리가 누구이며, 무엇을 좋아하고 잘하는지, 그리고 이 세상에서 어떤 역할을 하고 싶은지에 대한 깊은 탐구입니다. 그러나 아이와 부모들은 **진로를 시험과목에 들어가지 않는, 별로 중요하지 않은 과목, 그냥 졸리고 별 의미 없는 수업 정도로 인식해 버리고 진로적 준비를 거의 하지 않습니다. 설령 급하게 정하게 되는 때에도 자신이 좋아하는 것에만 초점을 맞추고, 그것이 얼마나 현실적인지, 지속 가능한지에 대해서는 생각하지 않습니다.** 그러다보면 그저 쩌리 과목에 지나지 않았던 진로가 삶을 뒤엎는 엄청난 문젯거리로 등장하게 될 것입니다.

문제를 만나면 당황하고 멈춰서는 게 인간적인 반응이긴 하지만, 미리 예측하고 준비하는 자에게 문제란 전혀 다른 의미가 됩니다. 문제(problem)라는 단어는 pro(앞으로)와 blem(to throw, 던지다)에서 유래한 말입니다. 즉, 문제란 단순히 해결해야 할 골칫거리가 아니라, 우리를 앞으로 던지는 촉발점입니다. 아이의 부족한 교과목 성적, 부모의 재정적 긴축 상황, 그리고 진로 선택에서의 혼란도 마찬가지입니다. 문제는 부모와 아이 모두에게 주어진 기회가 될 수 있으며, 새로운 방향으로 나아갈 수 있는 출발점이 될 수 있고, 그렇게 되어야 하는 것입니다.

진로는 삶을 이끄는 철학입니다. 철학이 없으면 삶은 급급해지고, 세상에 휘둘려 불리해지며 의미를 찾기 어려워집니다. 이 책은 진로를 우선하지 않는 현실의 위험성, 그리고 마구잡이로 진로를 결정하는 과정에서 빠지기 쉬운 문제와 함정들을 살펴보고, 진정으로 자신에게 맞는 길을 찾는 방법을 안내합니다. 진로란 당장의 선택에서 멈추는 것이 아니라, 깊이 탐색하고 고민하는 과정에서 발견되는 것입니다. '좋아하는 것'이 직업이 될 필요는 없으며, 오히려 '잘하는 것'이 더 좋은 선택이 될 때가 많습니다. 이 책을 통해 진로 탐색의 새로운 방향을 제시하고, 독자들이 더 넓은 시야로 자신만의 길을 찾을 수 있도록 돕겠습니다.

이 책을 활용하는 법

김용의 『영웅문』에는 전설의 무공서적 『구음진경』이 등장합니다. 이 책은 상권과 하권으로 나뉘어 있는데 상권은 무공의 정신과 원리를 서술하고 하권은 구체적인 기술을 담고 있습니다. 이 『구음진경』을 온전히 수련한 자는 천하제일의 고수가 될 수 있다는 설정입니다. 등장인물 중 한 명인 매초풍은 상권을 충분히 이해하지 못한 채 성급하게 하권의 기술만 수련하기 시작했습니다. 그 결과, 그는 몸을 망치고 높은 경지에도 이르지 못한 채 좌절하게 됩니다. 이는 무공 수련뿐만 아니라, 모든 지식 습득의 과정에서도 시사하는 바가 크다고 하겠습니다.

이 책도 『구음진경』과 비슷한 구조를 가지고 있습니다. 1부부터 3부까지는 진로의 정신과 원리를 다루고 있으며, 4부와 5부에서는 보다 구체적이고 실천적인 방법을 제시합니다. 진로에 있어서 당장의 실천적 내용을 원한다면 3부부터 5부를 먼저 읽는 것도 좋은 방법이 될 수 있습니다. 그러나 1부부터 3부의 내용을 이해하고 난 후에야 비로소, 4부와 5부의 구체적인 방법론을 온전히 자신의 것으로 만들 수 있습니다.

누구나 단순하고 직관적인 내용을 선호합니다. 그러나 때로는 이 단순함이 잘못된 길로 빠져드는 원인이 될 수 있습니다. 『구음진경』의 상권을 이해하지 못한 매초풍처럼 서둘러 겉으로 보이는 기술만을 습득하기보다는, 먼저 책이 전달하는 핵심 정신을 이해하는 것이 더 큰 효과를 낼 수 있는 길입니다.

목 차

추천사 004
서문 problem을 통해 앞으로, 함께 009
이 책을 활용하는 법 012

1부 진로 : 행복의 첫 단추

의미를 모르는 최선은 형벌이다   019
목적은 수단에 힘을 준다   022
눌어붙고 싶은 꿈   026
의미는 멀고 재미는 가깝다   031
아이들은 세 가지 고생을 겪는다   033
고생을 줄여 주는 방법은 없을까?   036
연습만 해 온 어른들   039
현실에 안주하는 아르바이트의 함정   043
진로에 아이의 행복이 달려 있다   046
진로에 가족의 행복이 달려 있다   050

2부 진로는 왕, 대학은 신하

진로가 왕이 되어야 한다   055
대학은 약간의 길만 제시할 뿐이다   059
한국 영어교육은 하극상의 희생양   063

입시에 갇힌 영어 살리기　069
대학을 이용해라, 이용당하지 말고　075
고교학점제 시대 – 대학을 위해서라도 진로가 우선이다　078
진로의 4대 우상론　081
학교 이데아　091
생각의 감옥　095
합격 현수막은 교육을 찢어　099

널찍한 길의 치명적 패턴

가슴이 뛰는 일을 찾아라?　105
램프 속의 아이들　108
널찍한 길의 치명적 패턴　111
안정, 외력이냐 내력이냐　117
안정은 유연성에 있다　120

진로 숙성의 기술

진로의 그랜드 투어　125
익숙한 재미 떠나기 – 미디어 금식, 새로운 재미 찾기　127
익숙한 방식 떠나기 – 학원 독립하기　129
문해력 향상 프로젝트 – 보는 것이 바로 너다　132
문해력은 진로 숙성의 인프라　135
호시탐탐 진로 노트　138
진로 나이, 차곡차곡 쌓는 방법　142

시냅싱(Synapsing) 기법　144
진로 투어와 일상 시냅싱하기　145
T자형, F자형 진로 성숙도를 길러라　147
슈퍼맨의 자세로 딴주머니를 차라　150
첫 번째 선택보다는 두 번째 선택을　153

 **호시탐탐 내 아이 진로 투어**

박람회로 진로 투어를　161
인터뷰로 진로 투어를　169
영화, 드라마로 진로 투어를　181
유튜브로 진로 투어를　205
AI로 진로 투어를　214
주식 투자로 진로 투어를　227
자원 봉사로 진로 투어를　234
교과목으로 진로 투어를　239

맺음말 미리 탐색하고, 인연을 따라가고　245

부록　에나지의 진로 투어 사례
　　　　초등학생 진로 투어 노트 설명서
　　　　진로 투어 노트 예시

1부

진로:
행복의 첫 단추

의미를 모르는 최선은 형벌이다

우리나라에서는 대부분의 아이들이 진로보다 숙제를 먼저 맞닥뜨리게 됩니다. 진로가 명확하지 않은 상황에서 쌓인 숙제를 해야 한다는 것은 복잡한 미로 속에 던져놓고 출구를 찾으라는 것과 같습니다. 또는 배터리가 점점 닳아가는 데도 기계를 계속 돌리라고 하는 것과 마찬가지입니다. 어릴 때는 부모님이 하라는 대로 잘할 수 있습니다. 하지만 아이가 성장하면서 더 뚜렷한 동기가 필요해지는데, 이때 "아니 왜 이렇게 해야 되는데?" 식의 말을 많이 합니다. 이게 부모의 눈에는 해야 하는 걸 하기 싫어서 핑계대는 걸로 보이고 실제로 그럴 때도 많긴 합니다. 하지만 눈앞의 일을 해야 하는 이유를 묻는 자체는 자아의 발달과정에서 매우 자연스러운 일입니다. 이때 적절한 반응을 얻지 못하거나, 진부한 대답(좋은 대학 가야지 등)을 들으면 대부분의 아이들은 에너지가 점점 빠지고, 결국 무기력해질 수밖에 없습니다. 설령 좋은 대학을 간다는 목표가 뚜렷한 아이들마저도, 한두 번 흐름을 놓치는 일이 생기면 좀처럼 다시 회복하지 못하곤 합니다. 학교와 학원에서 시키는 눈앞의 과제를 해결하기는 하지만, 그 목적과 의미를 알지 못하면 마치 헛도는 엔진처럼 지치기만 할 것입니다.

부모나 교사들은 자주 아이들에게 "넌 나중에 뭐가 되고 싶니?", "어떤 직업을 가질 거니?", "꿈이 뭐니?"라고 묻습니다. 그러나 현실 속에서 숙제와 시험에 매몰된 아이들은 그런 질문을 받을 때 당혹스럽기만 합니다. 진정으로 아이의 배터리가 충전되는 순간을 찾아야 하는데, 그것은 단순히 휴식을 취한다고 해결되는 문제가 아닙니다. 아이에게는 더 구체적이고 뚜렷한 목표나 목적이 필요합니다. 하지만 이런 필요를 아이도, 부모도 확실하게 깨닫지 못하는 게 문제입니다. 깨달을 수만 있다면, 작은 성취나 실패조차도 결국은 그 배터리를 충전하는 과정이라고 생각할 수 있습니다.

비유적으로 표현하자면, 우리 몸에 단백질이나 다양한 영양소가 필요할 때, 우리 몸이 이를 전달하는 방법은 주로 '배고픔'이라는 신호뿐입니다. 이 상황에서 식품에 대한 지식이 없다면 그저 쉽게 구할 수 있고 맛까지 좋은 탄수화물이나 당분으로만 해결하는 경우가 많습니다. 당연히 우리 몸이 진정으로 필요로 하는 영양소를 얻지 못하고 건강이 나빠질 수밖에 없을 것입니다. 마찬가지로 진로에 있어서도 아이가 느끼는 에너지 부족은 단순히 피로나 지침을 의미하는 것이 아니라, 진로라는 필수 영양소가 필요하다는 신호입니다. 그러나 이 신호를 올바르게 인식하지 못하고 그저 숙제, 시험 준비, 게임 등으로 해소하려 한다면, 아이는 자신의 에너지를 충전하지 못하고 오히려 점점 지쳐가게 됩니다.

진정한 진로 탐색은 아이에게 배고픔이라는 신호가 오면 영양소를 고르게 섭취할 방안을 제시하는 것과 같습니다. 아이가 진로에 대한 명확한 목표를 설정하고, 그에 맞춘 구체적인 경험과 탐색을 통해 에너지를 충전하게 될 때, 비로소 그들은 헛돌지 않는 엔진처럼 힘을 낼 수 있으며, 작고 큰 성취나 실패 모두가 그들을 성장시키는 영양소가 될 것입니다.

비록 아이들이 진로에 대한 확신이 없더라도, **지금 하고 있는 과제들이 그들의 성장에 중요한 연료가 된다는 감각을 일깨워줘야 합니다.** 그러면 단순히 숙제를 했다, 점수가 올랐다는 차원을 넘어서 문제 해결 능력, 인내심, 창의적 사고 같은 중요한 역량을 기르는 데도 도움이 될 수 있습니다. 진로는 성적에 맞춰서 설정하는 게 아닙니다. 물론 주어진 상황(진로를 정하는 시점에서의 나이, 집의 재정상황 등)을 고려할 필요는 있지만, 진로 탐색이 올바르게 되기만 한다면 설령 눈앞의 성적이 부족하다고 해도 오히려 학습의 잠재력을 이끌어 낼 수 있기 때문입니다.

목적은 수단에 힘을 준다

　마키아벨리는 『군주론』에서 "The end justifies the means." 즉, 목적은 수단을 정당화한다고 말했습니다. 목적의 중요성에 대해서는 누구나 동의할 것입니다. 그런데 'end'라는 단어를 보통 '끝'으로 알고 있는데 여기서는 '목적'이라는 의미로 쓰인 게 좀 생소합니다. 'end'라는 단어에는 왜 '끝'과 '목적'이 함께 포함되어 있을까요?

　'목적'을 이루는 과정은 종종 고되고 힘듭니다. 그래서 언제까지 이런 고생이 계속될지 알고 싶어지기 마련입니다. 출근했을 때 퇴근 시간이 다가오면 힘이 나는 것처럼 말입니다. '끝'이 보이면 새로운 동력이 생기고, 그 덕분에 다음 목표를 향해 나아갈 수 있습니다. 결국 '끝'은 '목적'이 되고, 그 목적은 우리에게 의미를 부여합니다.

사람은 왜 해야 하는지를 알게 되면, 힘든 노동조차도 싫어하지 않습니다. 아이들도 마찬가지입니다. 공부가 아무리 힘들어도 그 목적과 필요성을 명확히 알게 되면 더 이상 싫어하지 않게 됩니다. 진정으로 싫어하는 것은 끝이 보이지 않거나, 의미 없이 반복되는 노동입니다. 아이들이 싫어하는 것도 목적과 필요성을 느끼지 못하는 공부일 뿐입니다. 이는 마치 그리스 신화 속 시시포스가 매일 바위를 밀어 올리는 형벌을 받았던 것과 같습니다.

시시포스의 고통을 덜어 줄 방법은 없을까요? 비록 바위는 여전히 무겁고, 하루 종일 그 바위를 오르내려야 하더라도 말입니다. 방법이 있습니다. 그 노동의 끝을 정해 주고, 오늘의 고생이 그 목표를 향해 하나의 과정을 이루어 나가고 있다는 의미를 알려 주는 것입니다. 의미가 생생하게 다가올수록, 겉으로 보기에는 동일한 고생일지라도 내면에서는 전혀 다른 힘이 솟아나게 됩니다. 고생이 1,000만큼 힘들어도 1,000만큼의 의미를 느낀다면 더 이상 힘들지 않게 될 것입니다. 만약 600만큼의 의미를 느낀다면, 400만큼은 여전히 힘들겠지만 그나마 견딜 만할 것입니다. 설령 200만큼의 의미라도 느낀다면, 아무 의미 없이 1,000을 감당하는 것보다는 훨씬 나을 것입니다.

그렇다면 우리 아이들의 고생을 덜어 줄 방법은 있을 겁니다. 비록 공부가 여전히 어렵고, 하루 종일 숙제를 반복해야 하더라도 말입니다. 사이먼 사이넥은 골든 서클 이론(Golden Circle Theory)을 통해 "왜(Why)"를 먼저 알아야 한다고 말합니다. "왜"라는 목적이 분명할 때, "어떻게(How)"해야 하는지, 그리고 "무엇(What)"을 해야 하는지에 대한 답이 자연스럽게 따라오게 됩니다. 반대로 잘못된 흐름을 가진 사람들은 눈앞의 필요에 쫓겨 무엇을 먼저 추구하고 이걸 어떻게 이룰지 고민하다가, 결정적인 순간에 왜 해야 되는지를 모르기 때문에 멈춰 버리게 됩니다. **현재 아이들은 'What'에 해당하는 대학에 먼저 관심을 두고, 학년이 올라가면서 'How'에 해당하는 입시에 쫓기게 되지만, 어느 순간 갑자기 'Why' 해야 하는지를 몰라서 멈추거나 방황이 길어지게 되는 패턴이 갈수록 많아지고 있습니다.** 부모들은 What에 해당하는 대학을 목표로 분주히 학원 정보를 모으면서 How를 연구하지만, 아이가 Why로 괴로워하게 되면 결국 그동안의 모든 노력이 허사가 되고, 각 지역의 정신과는 이런 부모와 아이들로 예약이 꽉 차 있는 게 현실입니다.

아이들에게 "좋은 대학에 가야지."와 같은 진부한 대답이 아니라, 그 공부가 장기적으로 어떤 의미를 가지며, 자신의 삶에 어떤 변화를 가져올 수 있는지를 가슴 속에서 '찌르르' 느끼게 해야 합니다. 그러면 에너지는 자연스럽게 따라오게 됩니다. 이처럼 목적을 알고 나아가는 과정은, 시시포스의 바위를 밀어 올리는 것과 같은 고된 노동에도 새로운 의미와 에너지를 부여하며, 아이들이 그 고생을 단순한 고통으로 여기지 않도록 도와줄 것입니다.

눌어붙고 싶은 꿈

갈수록 경쟁이 심해지는 사회 속에서 자아성취를 경험할 수 있는 자리는 더욱 줄어듭니다. 따라서 자아성취에 대한 아쉬움은 누구나 가지고 있는데, 설령 서울대를 나오고 사회적 성공을 거뒀다고 해도 마찬가지일 겁니다. 그만큼 자아실현에 대한 욕구는 끝이 없는 법입니다. 그런 상태로 결혼을 하고 아이를 낳게 되면, 아이를 통해 자아실현을 하려는 성향이 생기게 됩니다. 부모는 사회의 냉엄함을 경험으로 알고, 아직 채워지지 않은 자아실현의 욕구가 넘치고 있습니다. 이렇게 되면 자녀에게 요구하는 게 많아집니다. 자녀는 일단 부모의 요구를 따라가려고 합니다. 자신이 가장 좋아하는 사람이기 때문입니다. 하지만 결국 자신이 거두는 결과가 부모를 만족시키지 못한다는 걸 알게 되고 그런 경우가 자주 누적되면, 그저 무기력하게 바닥에 '눌어붙고' 싶은 욕구를 느끼게 됩니다. 엄마 아빠의 간섭 없이 하루 종일 방에 누워있으면 좋겠다고 생각합니다. 악동뮤지션의 〈후라이의 꿈〉을 보면 다음과 같은 가사가 나옵니다.

> 저 거위도 벽을 넘어 하늘을 날을 거라고
> 달팽이도 넓고 거친 바다 끝에 꿈을 둔다고
> 나도 꾸물꾸물 말고 꿈을 찾으래
> 어서 남의 꿈을 빌려 꾸기라도 해
> 내게 강요하지 말아요, 이건 내 길이 아닌걸
> 내밀지 말아요, 너의 구겨진 꿈을

'Why'보다 'What'을 먼저 추구하는 부모(케이브족)는 꿈조차도 'What'으로 인식합니다. 일단 급하니 남의 꿈이라도 빌리라는 말이지요. 그래서 부모 입장에서는 참 아픈 말이 등장합니다. "당신의 구겨진 꿈을 내게 강요하지 마세요."

> 난 차라리 꽉 눌어붙을래
> 날 재촉한다면
> 따뜻한 밥 위에 누워 자는
> 계란 fry, fry 같이, 나른하게 (fry, fry, fry, fry)

고래도 사랑을 찾아 파도를 가를 거라고

하다못해 네모도 꿈을 꾸는데

(부모, 기성 세대) 아무도 꿈이 없는 자에겐 기회를 주지 않아

하긴 무슨 기회가 어울릴지도 모를 거야

(아이) 무시 말아 줘요, 하고 싶은 게 없는걸

왜 그렇게 봐? 난 죄지은 게 아닌데

Spread out

틀에 갇힌 듯한 똑같은 꿈

Spread out, out

난 이 두꺼운 껍질을 깨고 나와 퍼지고 싶어

난 차라리 굴러갈래

끝은 안 보여 뒤에선 등 떠미는데

난 내 물결을 따라

Flow, flow along, flow along my way (flow along my way)

난 차라리 꽉 눌어붙을래

날 재촉한다면

고민 하나 없이 퍼져 있는

계란 fry, fry 같이, 나른하게

캥거루족, 은둔형 외톨이, 히키코모리 등의 현상이 갈수록 심각해지고 있습니다. 앞으로 더욱 심각한 사회적 문제가 될 겁니다. 원인과 결과 사이의 간격이 너무나 멀어서 이를 파악하기는 쉽지 않지만 다음과 같은 사항을 깊이 명심할 필요는 있습니다.

첫째, 부모의 자아 실현은 아이에게 '눌어붙지 말고' 부모 스스로 자신을 통해서 추구해야 한다. 부모가 자기관리하고 자신의 커리어를 관리하는 모습이 아이에게 큰 영향을 준다. 반면 부모가 자신을 관리하지 않으면서 아이의 학원에 대해서만 편집증적인 증세를 보인다면, 아이는 갈수록 부모의 바람과 멀어지거나 한순간 실이 끊긴 인형처럼 '퍼지고 눌러붙을' 가능성이 높다.

둘째, 당사자가 납득하지 않은 목표, 꿈은 전혀 바람직하지 않다. 남들이 모두 꾸는 엇비슷한 꿈을 툭 하니 따올 생각보다, 적절한 절차를 거쳐서 부모와 아이가 함께 사회, 산업에 대한 인식이 성장하는 기회로 삼으면서 진로의 꿈과 목표를 추수해 낼 필요가 있다.

의미는 멀고 재미는 가깝다

가정마다 잔소리의 정도는 다르지만, 대체로 부모의 메시지는 '최선을 다하라'는 것으로 요약됩니다. 결과 중심적인 가정에서는 "최선을 다했으면 이런 결과가 나오겠니?"라고 묻고, 과정 중심적인 가정에서는 "네가 최선을 다했다고 생각한다면 괜찮아."라고 격려하는 경우가 많습니다. 언뜻 과정 중심이 좋아 보이지만, 결국 최선을 다하라는 말이 아이에게 진부하게 느껴지는 점은 크게 다를 게 없습니다.

공부가 왜 힘들까요? 사실 공부는 꼭 힘든 속성을 갖고 있는 것은 아닙니다. 공부보다 더 재미있는 놀이가 많다는 점, 그리고 그 놀이를 참아가며 공부해야 할 이유가 명확하지 않기 때문에 힘든 것입니다. 놀고 싶은 충동을 억제하려면 이성을 담당하는 전두엽이 힘을 발휘해야 합니다. 이성은 합리적인 절차, 즉 아이가 납득할 수 있는 목표와 납득할 수 있는 절차일 때 발휘됩니다. 애초에 합리(合理)라는 말이 이치(理)에 맞는다(合)는 말이니까요. 부모는 납득하지만 아이는 납득하거나 뚜렷하게 와닿지 않는 못하는 활동을, 가뜩이나 아이가 충동적인 시기에, 재미있는 것들이 주변에 가득한 상황에서 요구하는 것은 부모든 아이든 상당한 부담일 수밖에 없습니다. 옛말에 "법은 멀고 주먹은 가깝다."는 말이 있는데, 아이들의 입장에서 보자면, 이는 "의미는 멀고 재미는 가깝다."로 표현할 수 있을 것입니다.

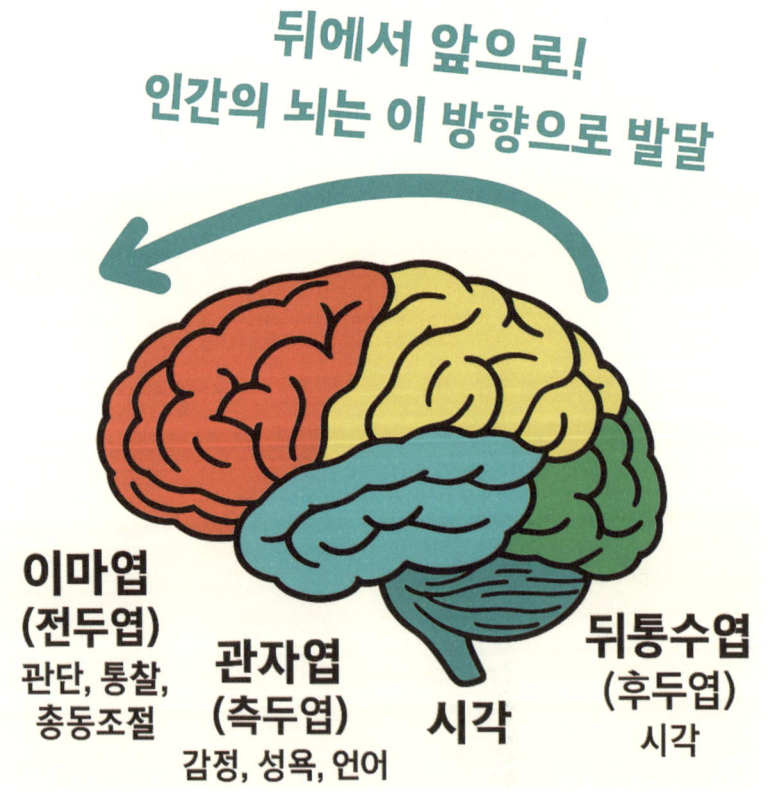

아이들은 세 가지 고생을 겪는다

　어릴 때만 만들 수 있는 추억이 있고, 그 시기에만 찍을 수 있는 사진이 있습니다. 그래서 많은 부모들이 아이가 어릴 때 예쁜 장소나 맛있는 음식을 찾아다니며 시간을 보냅니다. 최근 캠핑의 인기도 크게 증가했는데, 이는 자연을 가까이하는 아이가 품성도 좋다는 인식 때문일 것입니다. 물론 맞는 말이고, 이는 매우 긍정적인 문화입니다.

　하지만 곧 아이와 부모 모두가 압박을 느끼기 시작할 것입니다. 압박의 정도는 지역에 따라 다르겠지만, 한국의 학습 문화는 다른 나라에 비해 유별난 것이 사실입니다. 어릴 때는 아이들이 시키는 대로 잘 따라오지만, 자아가 점점 성장하면서 "하기 싫어. 왜 이렇게까지 해야 해?"라는 생각을 하게 됩니다. 반면 부모들은 사회의 현실과 경쟁을 알고 있기에, 이러한 생각이 표정과 행동으로 드러나면서 부모와 아이 사이에 갈등이 생기게 됩니다.

　이 과정에서 아이들이 겪는 고충은 크게 세 가지로 나눌 수 있습니다.

1. 압박이 점점 커진다

사교육에서 나오는 숙제는 말할 것도 없고, 중학교 이후에는 '학생 중심', '과정 중심' 평가가 강화되면서 개인별 수행평가나 모둠 발표가 점점 더 많아집니다. 물론 중간고사와 기말고사도 여전히 존재합니다. 아이들에게 요구되는 것이 계속해서 늘어나고 있죠.

2. 많은 의지가 필요하다

해야 할 일이 많아지면 그만큼 의지도 필요합니다. 그러나 즉석에서 즐길 수 있는 게임이나 영상이 주변에 널려 있는 현실에서, 아이들이 집중하기란 쉽지 않습니다. 부모들은 해야 할 일을 먼저 하고 놀라고 하지만, 아이들의 전두엽은 아직 완전히 발달되지 않았기 때문에 충동을 조절하는 데 어려움을 겪습니다.

3. 이유를 명확히 알지 못한 채 공부를 해야 한다

물론 아이들도 좋은 대학에 가고 싶어 하지만, 눈앞에 있는 쉬운 재미를 포기하면서까지 힘든 공부를 선택하기는 어렵습니다. 게다가 요즘 아이들은 유튜브를 보면서 성장하는 세대입니다. 조회수를 통해 돈을 벌 수 있다는 사실을 알게 된 아이들에게, 반드시 좋은 대학을 나와야 한다는 말은 그리 설득력 있게 들리지 않습니다. 결국 아이들은 부모의 잔소리를 견딜 수 있는 만큼만, 혹은 스스로 납득할 수 있는 수준에서만 숙제를 하게 됩니다. 그리고 눈앞의 고생에 대한 이유가 명확하지 않다고 느낄수록, 불만은 점점 커집니다.

아이들이 이러한 고충을 겪고 있다는 사실을 이해하는 것이 부모에게도 중요할 것입니다.

고생을 줄여 주는 방법은 없을까?

　아이들의 고생을 덜어 주기 위해서는, 앞서 언급한 세 가지 고충 중 어느 부분을 손볼 수 있을까요? 1번의 경우, 시시포스가 매일 바위를 밀어 올리듯 누구에게나 무겁게 다가오는 고충입니다. 하기 싫어서 회피하면 오히려 불안감이 커져 더 무겁게 느껴지기 마련입니다. 부모가 도와줄 수 있는 부분은 2번과 3번에 해당하지만, 이 책에서는 주로 3번에 대해 다룰 예정입니다.(2번에 대해서는 이 책 뒤에 이어질 책에서 참고하시기 바랍니다.)

　아이들이 대한민국에서 성장하면서 겪는 고생이 1,000만큼이라고 가정할 때, 그 고생의 의미와 이유를 아는 만큼 부담은 줄어들게 됩니다. 눈앞의 노력이 무엇을 위한 것이며, 어떤 결과로 이어질지를 생생하게 느끼도록 도와주세요. 500만큼 의미를 느낀다면, 500만큼만 힘들 것이며, 800만큼 느낀다면 200만큼만 힘들 것입니다. 더 나아가, **이유를 알고 느끼는 고생은 마**

치 운동 후의 근육통처럼 오히려 상쾌한 느낌을 줄 수도 있습니다.

　전국의 학부모가 필요 이상으로 학원을 보내는 이유는 결국 아이가 공부를 잘하게 하기 위해서입니다. 공부를 잘하게 하려는 것은 결국 좋은 대학에 가게 하려는 것입니다. 좋은 대학(대학만으로 직업이 결정되는 의대, 간호대, 항공운항과, 계약학과 등 몇몇 학과를 제외하고는)은 결국 좋은 취업을 위해서입니다. 그럼 아이는 대기업, 중견기업, 중소기업 등 어떤 형태로든 사회의 조직에 소속되거나, 프리랜서 혹은 개인 사업을 시작하게 될 것입니다. 특히 프리랜서나 개인 사업을 하기 위해서는 특정 분야에서 몇 년간의 경험이 쌓여야 가능한 경우가 많습니다. 그렇기에 아이의 '끝', 즉 목적(end)이 기업체나 사회 조직이라면, 처음부터 그 끝과 목적을 명확히 알게 해 주는 것이 중요합니다. 이 목적이 더 생생하게 다가올수록, 무거운 바위(공부)를 들어 올릴 힘이 생깁니다. 이 힘이 바로 진로가 주는 에너지입니다. 학교 공부에 큰 흥미를 느끼지 않거나, 바로 사회로 진출하고 싶어 하는 경우라면, 더욱더 이 진로의 힘이 필요합니다. 목적이 분명하지 않으면 아이는 그저 지루하고 고된 공부를 반복하게 될 뿐입니다.

　"연습은 실전처럼, 실전은 연습처럼."이라는 문구가 있습니다. 학교에서의 공부와 활동은 곧 사회에서 실전을 대비하는 연습입니다. 아이가 단순히 좋은 성적을 받기 위해 공부하는 것이 아니라, 이후 사회에 나가서 맡게 될 역할과 그 상황들을 염두에 두고 준비하는 것입니다. 그런데 아이들은 무엇이 실전인지도 모르는 채로, 그저 연습을 위한 연습만 반복하고 있습니다. 부모 역시 실전(진로, 사회의 산업 체계)을 잘 모르니 연습만 강요합니다. 만약 지금의 학습이 단순히 시험을 잘 보기 위한 연습이 아니라, 앞으로 실전에서 적용될 구체적인 능력을 기르는 과정이라고 인식된다면, 아이들은 더 큰 동기와 목적을 가지고 노력할 수 있을 것입니다.

특정 기업과 직무가 정해졌다면, 그 산업의 특성과 업무에 대해 배우는 것, 그와 관련된 역량을 쌓는 것이 학교 공부와 학원의 공부에 새로운 의미를 부여하게 됩니다. 그저 시험 문제를 푸는 것이 아니라, 실제로 사업체에서 필요한 실력을 연습하는 과정이라고 진심으로 느끼게 되는 것입니다. 그리고 이렇게 구체적인 목적과 실전 대비를 생각하며 공부할 때, 아이들은 단순한 '숙제'의 부담을 넘어 그것이 진로와 어떻게 연결되는지 깨닫고 그 힘을 얻을 수 있게 됩니다. 목적이 분명하면, 바위가 무거워도 그 무게를 감당할 힘이 생기게 됩니다.

연습만 해 온 어른들

　연습을 실전처럼 하기 위해서, 모든 학습은 학생의 진로와 강력한 연결성이 부여되어야 합니다. 물론 진로와 꿈은 자주 변경될 수 있습니다. 하지만 항상 진로라는 고성능 안테나가 켜져 있어야 한다는 말입니다. 그러나 현재의 교육 시스템에서는 실질적으로 학생의 진로에 대한 관심과 지원이 매우 부족한 상황입니다. 대학 교수, 교사, 학원 강사 모두 각기 다른 이유로 학생들의 진로 지도를 외면하거나 제대로 하지 못하고 있습니다. 이는 교육 시장에서 각각의 형태로 수익을 얻는 어른들이 갖는 한계입니다. 결국 각자의 이해관계에 충실할 수밖에 없는데, 그 결과 가장 중요한 학생들의 진로가 왜곡되는 결과를 낳고 있습니다.

　초·중·고등 교사들의 경우, 대부분이 교직 이수를 통해 곧바로 교사의 길을 걷기 때문에 실제 현장 경험이 부족한 경우가 많습니다. 학교에서는 학생들이 좋은 성적을 내고 높은 대학 진학률을 기록하는 것이 중요한 지표가 되기 때문에, 교사들도 자연스럽게 학생들을 시험과 대학 입시에만 집중하게 만듭니다. 이는 교사들이 학교의 위상과 자신의 성과를 위해 학습을 진로와 연결하기보다는 단순한 입시 준비에만 집중하도록 만드는 구조적인 문제가 있습니다. 결국 교사들은 학생들에게 다양한 산업과 직업 세계에 대한 생생한 안내를 제공하는 데 한계를 갖게 되고, 학생들은 사회의 실질적인 면모를 알지 못한 채 시험과 성적 위주의 학습에만 매달리게 됩니다.

학원 강사들도 마찬가지입니다. 많은 명문대 출신 강사들이 학원 강사를 선택하는 이유는 상대적으로 쉽게 돈을 벌 수 있는 방법이기 때문입니다. 학원은 교육 시장 내에서 매우 큰 수익을 창출하는 곳으로, 학원 강사들은 학생들의 진로 지도보다는 단기간에 높은 성적을 얻도록 돕는 것에 집중하게 됩니다. 결국, 그들의 목표는 학생의 진로보다는 학원 성과와 개인의 수익에 집중하게 되고, 학습의 목표는 좋은 성적과 좋은 대학으로 한정되어 버립니다. 진로를 위한 학습이 아니라, 학원 강사의 이해관계에 맞춘 학습이 이루어지게 되는 것입니다. 이로 인해 학생들은 학습의 의미와 목표를 잃고 진정한 성장의 기회를 놓치게 됩니다.

대학교수들은 학문의 세계에서 주로 살아왔고, 따라서 소수를 제외하고는 대부분 산업체계를 잘 모릅니다. 또한 본인의 학문적 연구와 대학 내 위상이 주된 관심사입니다. 따라서 학생 개개인의 진로에 대해 깊이 고민하거나 성의 있는 지도를 제공하기보다는, 자신의 연구 업적과 대학의 명성을 높이는 데 우선순위를 두게 됩니다. 대학마저도 가르치는 능력이나 학생 상담보다 논문 인용지수를 훨씬 중요시하고 있으니까요. 이는 학생들에게 필요한 실질적인 진로 지원을 소홀히 하게 만드는 원인이 됩니다. 대학에서 제공해야 할 진로 상담이나 실질적인 현장 경험이 부족한 이유도 여기에 있습니다. 결국 교수의 이익을 추구하는 과정에서 학생들의 진로는 뒷전으로 밀리게 됩니다. 간혹 학생에게 대학원을 권유하게 되는데, 정말 필요한 경우도 있겠지만 대부분의 경우 학생이 산업계로 진출하는 시기를 늦추고 학문과 산업계의 사이에서 애매한 위치가 되는 원인이 되곤 합니다.

이러한 상황에서 "교육 성공을 위해서는 돈 많은 할아버지와 아빠의 무관심이 필요하다."는 말처럼, 우리나라 교육은 주로 엄마가 주관하는 경우가 많습니다. 엄마들은 자녀 교육에 많은 시간과 노력을 투자하고 헌신하지만, 사회 경험이 상대적으로 적거나 없는 경우가 많기 때문에 아이의 진로의 중요성을 인식하지 못하고, 대학이라는 목표에만 집중하게 되는 경향이 있습니다. 이는 아이들이 자신의 미래를 위한 진로 탐색보다, 그저 대학 진학이라는 좁은 목표에만 빠져들게 되는 결과로 이어질 수 있습니다. 반면, 상대적으로 사회 경험이 많은 아빠의 경우, 자녀의 진로와 사교육 문제에 대해 보다 현실적이고 넓은 시각을 가질 수 있으나, 사교육의 생리에 대해 잘 모른다는 이유로 의견이 무시당하는 경우가 종종 발생합니다. 이로 인해 자녀의 진로가 더욱 왜곡되고, 사교육의 흐름 속에 휩쓸리기 쉽습니다. 물론 모든 가정이 이러한 상황에 해당하는 것은 아니지만, 많은 가정에서 이러한 문제가 반복되고 있는 것도 사실입니다.

현실에 안주하는 아르바이트의 함정

대학생이 되고 나면, 많은 학생들이 과외를 통해 돈을 벌게 됩니다. 과외는 단시간에 꽤 높은 수입을 얻을 수 있는 수단으로서 대학생들에게 매우 매력적으로 다가옵니다. 그러나 이는 과거지향적인 돈벌이 방식입니다. 자신이 과거에 공부했던 내용을 반복해서 가르치는 과정에서 얻는 수입이기 때문에, 현재와 미래를 위한 성장을 추구하는 데 필요한 에너지를 빼앗아갑니다. 결국 대학생들은 자신의 미래를 준비하는 데 있어 중요한 시간을 놓치게 되고, 성장이 정체된 상태로 머물 수밖에 없습니다. 또한 과외는 과외를 받는 학생의 성적 향상을 목적으로 하기에, 대학생들도 더 이상 자신의 진로를 위한 계획을 세우기보다는 단순히 수익을 얻는 데만 집중하게 됩니다.

집의 재정 상황이 어렵지 않다면 과외와 같은 단기적 수익에 매달리기보다는, 자신의 직무와 관련된 아르바이트를 선택하는 것이 더 바람직합니다.

비록 임금이 낮더라도, 이러한 아르바이트는 자신이 나아가고자 하는 진로에 직접적인 경험과 경력을 제공하기 때문에 장기적으로 더 큰 가치를 지닙니다. 마케팅에 관심이 있는 학생이라면, 마케팅 관련 회사의 인턴이나 보조 업무를 맡아 보는 것이 좋습니다. 영화 제작을 진로로 정했다면 설령 열정페이를 받더라도 현장에서 구를 수 있는 방법을 찾는 것입니다. 이런 아르바이트는 쉽게 찾을 수 있는 게 아니기 때문에, 과외 등 진로와 상관없는 아르바이트를 하고 있다면 새로운 영역 탐색의 에너지를 빼앗기게 됩니다. 그 경험이 이후의 취업이나 커리어 형성에 훨씬 더 긍정적인 영향을 미칠 수 있기 때문입니다. 똑같은 편의점 아르바이트라도 유통업에 관심을 둔 경우에는 좋은 경험이 될 수 있지만, 단순히 월급 때문이라면 현실에 안주하지 않기 위해서 되도록 미래지향적인 다른 자리를 찾는 게 좋습니다. 취업 준비를 하다 보면 좌절할 때가 있는데, 이때 다른 아르바이트로 돈을 벌어 보았던 사람은 프리터 족이 되는 경우도 생길 수 있기 때문입니다. 프리터 족이란 특정 회사를 다니지 않고 아르바이트 두세 개를 하면서 사는 사람들을 말하는데, 언뜻 편하고 좋아 보이지만 두 가지 문제점을 가지고 있습니다.

첫째, 젊을 때는 이 생활이 괜찮아 보이지만 나이가 들면서 몸이 아프거나, 감정적으로 힘들어도 매일 일하지 않으면 생계가 어려워지는데, 젊을 때는 이런 결과를 떠올리지 못하기 때문에 눈앞의 편한 선택이 됩니다.

둘째, 그 일에 숙련될수록 몸값이 올라가면서 효율이 좋아져야 하는데, 아르바이트는 나 외에 다른 사람들도 하려는 사람이 많기 때문에 몸값이 올라갈 수 없는 구조입니다. 결국 깨어 있는 대부분의 시간을 생계를 위해 써야 하는 비효율적인 구조인데 젊은 시절의 부담을 벗고 상대적으로 쉽게 일자리를 얻을 수 있다는 착각에 빠지기 쉽습니다.

결국, 모든 학습이나 경험은 결국 진로와 연결되어야 한다는 기본 원칙을 되새겨야 합니다. 교육 시장이 크고 그 안에서 수익을 추구하는 이들이 존재하기 때문에, 그들이 이끄는 방향이 진로와 무관한 학습에 치우치지 않도록 조정할 필요가 있습니다. 학생들의 교육이 단순히 좋은 성적과 대학 진학에 그치는 것이 아니라, 그들이 사회에 나가서 자기 역할을 수행하는 데 필요한 실질적인 준비가 될 수 있도록 해야 합니다. 또한 교육 현장에 종사하는 각자의 이해관계에 휘둘리지 않도록, 아이와 부모 스스로 길을 찾아갈 수 있는 노하우가 필요합니다.

진로에 아이의 행복이 달려 있다

행복과 불안은 물과 기름 같은 관계입니다. 불안하면서 동시에 행복할 수는 없습니다. 행복하다는 것은 곧 불안하지 않다는 의미입니다. 불안이 커질수록 행복감은 줄어듭니다.

어릴 때는 마음껏 놀며 100을 놀면 100, 때로는 150만큼 즐거움을 느낄 수 있습니다. 하지만 고등학교를 지나 성인이 되면서부터는 같은 양을 놀아도 점차 그 즐거움이 줄어들기 시작합니다. 100을 놀아도 80, 70, 60… 계속해서 재미가 줄어드는 이유는 불안감이 그 즐거움과 행복을 빼앗기 때문입니다. 한국처럼 인정 욕구가 강한 사회에서 '나는 어떻게 살아가야 할까'라는 불안은 쉽게 사라지지 습니다.

직업을 의미하는 영어 단어로는 'profession'과 'occupation'이 있습니다. 일반적으로 '프로'라고 하면 'profession'을 의미하는데, 이는 전문 직종을 뜻합니다. "나는 프로다."라는 말은, "나는 이 일을 취미가 아니라 직업으로 하고 있으며, **그에 대한 보수를 받는다. 그러므로 개인적 사정을 이유로 변명할 것이 아니라, 결과로 보여 주어야 한다.**"는 뜻입니다. 직업(profession)은 교수(professor)와 형태가 비슷한데, 두 단어는 그 뿌리가 같습니다. 'profess'는 '어떤 지식이나 사실을 공식적으로 선포하다'라는 의미로, 교수는 지식을 선포하는 역할을 하기 때문에 'professor'가 되었습니다. 그렇다면 'profession'은 **그 사람이 하는 일을 사회적으로 '공식적으로 선포한다'는 의미**가 됩니다. 즉, 사회가 그 사람을 직업인으로 인정한다는 뜻입니다. 그렇기 때문에 **자신이 원하는 직업이 없거나 직업이 뚜렷하지 않으면, 그 사람은 위축되고 사회에서 자신의 역할을 제대로 수행하지 못하게 됩니다.** 또한 'occupation'은 '채움'이나 '점유'를 뜻하며, 직업을 의미하기도 합니다. 사회에서 어떤 자리를 채운다는 것이 직업이고, **한 사람의 정체성이 그 직업으로 채워진다**는 의미입니다. 우리가 누군가를 처음 알게 되었을 때, 그 사람이 '무슨 일을 하는 사람인가'를 궁금해하는 것도 이런 맥락에서 비롯됩니다.

'이불 밖은 위험해'라는 말이 유행했던 것처럼, 행복은 따뜻한 이불 안에서 보고 싶은 것을 보며, 맛있는 음식을 먹고, 충분히 잠을 자는 것처럼 보일 수 있습니다. 그러나 베토벤이 〈운명 교향곡〉에서 '운명이 문을 두드리는 소리'를 묘사했듯이, **이불 속에서도 불안이 찾아와 결국 행복을 빼앗게 되는**

시기가 옵니다. 어린 왕자가 만났던 술꾼은 술을 마시는 게 부끄럽고, 부끄러운 걸 잊고 싶어서 술을 마십니다. 마찬가지로 불안감을 잊고 싶어서 게임이나 웹툰에 몰두하는데, 그런데도 불안감이 잊혀지지 않고 더 불행해지는 순간이 오게 됩니다. 그런 의미에서 보면 **오히려 이불 속이 더 위험할 수도 있습니다.** 이는 진정한 행복이 아닌, 일시적인 쾌감, 즉 가짜 행복에 불과하기 때문입니다.

진정한 행복은 순간적인 쾌감과는 다릅니다. 행복은 느긋함 속에서 찾아옵니다. 앞으로 어떤 일이 일어날지 알고, 그에 대한 대비가 되어 있다는 안도감 속에서 느껴지는 것이 바로 행복입니다. 진로에 대한 적절한 흐름 속에 있다는 느낌이 있으면, 게임이나 웹툰을 오히려 더 재밌게 즐길 수 있습니다. 불안에 재미를 빼앗기지 않기 때문입니다. 물론 남들이 잘 선택하지 않는 진로 탐색 루틴과 그에 필요한 학습량을 유지하려면 힘들기도 할 것입니다. 하지만 의미를 알기 때문에 그 고생이 견딜 수 없는 것은 아니며, 그로 인해 휴식은 더욱 달콤해집니다. 반면, 사회에서 내가 채울 자리, 즉 'occupation'이 없다는 것은 정체성이 모호해진다는 불안감을 유발하고, 이는 개인과 가족의 행복을 점차, 결국에는 아주 심각하게 갉아먹는 모습을 보이게 됩니다.

어린왕자와 술꾼의 대화

"술은 왜 마셔요?"
"잊으려고."
"뭘 잊어요?"
"창피한 걸 잊어 버리려고."
"뭐가 창피한데요?"
"술 마시는 게 창피해."

진로에 가족의 행복이 달려 있다

　자녀 한 명 한 명이 소중하기에, 흔히 "열 손가락 깨물어 안 아픈 손가락이 없다."는 말을 합니다. 이 말을 뒤집어 생각해 보면, 자녀 한 명이 가족 전체의 행복에 큰 영향을 미친다는 뜻이기도 합니다. 나머지 자녀들이 아무리 성공하고 잘 나가더라도, 단 한 명의 불행이 가족 전체를 불행하게 만들 수 있습니다.

　진로는 개인의 행복을 결정짓는 중요한 요소입니다. 잘못된 진로 선택이나 불확실한 진로는 개인뿐만 아니라 가족 전체의 행복에도 큰 영향을 미칩니다. 별다른 문제가 없던 가정이 자녀의 진로 문제로 인해 갑자기 불행해지는 경우가 얼마나 많은지 모릅니다. 초·중·고 시기에 열심히 학원 뒷바라지를 했으니, 20대 중반 이후로는 자녀가 스스로 설 수 있어야 되겠지요. 그런데 여전히 무거운 돌을 짊어진 듯한 압박감이 남아 있습니다. 갈수록 일자리가 적어지는 사회 구조적인 문제도 있지만, 개인적인 차원에서는 진로가 우선되지 않았기 때문입니다. 아이들이 할 수 있는 가장 큰 불효 중 하나는 독립해야 하는 시기에 독립하지 못하는 것입니다.

학창 시절에는 이러한 진로의 중요성을 충분히 인식하지 못하고, 그저 학교 성적에만 집중하기 쉽고, 어느 정도 성적이 나온다면 잘못된 안도감에 빠지기 쉽습니다. 현재 상황을 계속 유지하면 어떻게 될지 알지 못한 채, 오직 대학 진학에만 모든 걸 걸고 있는 경우가 많기 때문입니다.

2부

진로는 왕, 대학은 신하

진로가 왕이 되어야 한다

진로(Career)라는 말을 들으면 보통 전공이나 직업을 떠올리게 되지만, 진로를 한자로 풀어보면 '나아갈 진(進)'과 '길 로(路)'로, 즉 앞으로 나아갈 길을 의미하고 있습니다. 영어로 '커리어(Career)' 역시 'car(전차)'를 어근으로 하고 있어, 본질적으로 진로는 나아갈 길을 찾는다는 뜻을 내포하고 있습니다. 따라서 **진로는 청소년/청년기 직업뿐만 아니라 인생 전반과 관련된 개념입니다.**

자녀 양육에만 집중하던 부모들이 자녀를 모두 대학에 보낸 후 허전함을 느끼는 경우가 있습니다. 이는 **자녀 때문에 스스로의 진로 설정을 소홀히 했기 때문**입니다. 노년의 4대 고통으로 질병, 빈곤, 고독, 무위를 말하는데, 여기서 무위고(無爲苦)란 '역할이 없어진 괴로움'을 말합니다. 따라서 어린 시절 못지않게 중년기와 노년기에도 새로운 진로를 설정하는 것이 중요하고, 이에 따라 인생 후반전을 전문적으로 코칭하는 코스들도 많이 생겨났습니다.

도널드 슈퍼의 '진로 발달 이론'에서도 진로는 평생에 걸쳐 이루어지고 변화하며, 각 시기마다 중요한 과업이 다르다고 설명합니다. 그런데 이러한 개념이 아직 우리 사회에 충분히 자리잡지 못했습니다. 그래서 한 가정의 모든 자원이 자녀에게 지나치게 집중되는 문제가 발생합니다. 이는 단순히 재정적 자원 분배의 실패뿐 아니라 정서적 자원 분배의 문제로도 이어집니다. 자녀가 정서적 지지를 필요로 하는 만큼 부모도 마찬가지인데, 마치 어른은 이런 게 필요하지 않은 것처럼 지나갈 때가 많습니다. 한때 『아프니까 청춘이다』가 히트를 치고 나니 『아플 수도 없는 마흔이다』라는 책이 심금을 울린 적이 있었지요. 어른들 역시 불투명한 진로로 불안하고, 억울한 일이 많고, 일어나기 싫을 때가 많은데 자녀들과 공유되지 않으니 서로 불만이 쌓이면서 세대 갈등은 갈수록 커집니다. 결국 가족 전체에게 진로 성숙도가 필요하다는 말이 됩니다. 가족의 행복은 구성원 개개인의 행복에 달려 있는데, 부모가 문제를 겪으면 자녀 역시 불행해질 수밖에 없기 때문입니다.

이런 단면을 잘 보여 주는 이상국 시인의 시가 있습니다.

오늘은 일찍 집에 가자

이상국

오늘은 일찍 집에 가자

부엌에서 밥이 잦고 찌개가 끓는 동안

헐렁한 옷을 입고 아이들과 뒹굴며 장난을 치자

나는 벌서듯 너무 밖으로만 돌았다

어떤 날은 일찍 돌아가는 게

세상에 지는 것 같아서

길에서 어두워지기를 기다렸고

또 어떤 날은 상처를 감추거나

눈물자국을 안 보이려고

온몸에 어둠을 바르고 돌아가기도 했다

그러나 이제는 일찍 돌아가자

골목길 감나무에게 수고한다고 아는 체를 하고

언제나 바쁜 슈퍼집 아저씨에게도

이사 온 사람처럼 인사를 하자

오늘은 일찍 돌아가서

아내가 부엌에서 소금으로 간을 맞추듯

어둠이 세상 골고루 스며들면

불을 있는 대로 켜놓고

숟가락을 부딪치며 저녁을 먹자

진로는 '나아가는 길'이기 때문에 평생 동안 진로의 과업이 발생합니다. 취업 뿐 아니라 연애, 집 구하기, 사람들과의 관계, 이직이나 창업, 건강관리, 인생의 마무리 등 모든 것이 진로에 해당됩니다. 서로의 단계를 이해하고 보완해 주며 정서적으로 지지해 주는 사람이 필요하고, 상당 부분을 가족이 담당하게 됩니다. 청년기의 대학과 직업은 진로의 광활한 범주 안에서 하나의 통과 의례일 뿐입니다. 진로를 왕에 비유한다면, 대학은 교육부 장관 정도에 해당한다고 할 수 있습니다. **장관이 왕을 호령하는 것은 하극상인 것처럼, 대학이 진로를 좌우하는 것도 잘못된 일입니다.** 기껏 '숟가락을 부딪치며' 먹는 저녁에 공부 얘기만 나올 필요가 없습니다. 아빠, 엄마 모두 진로의 현안 앞에 있기 때문이고, 각자의 상황이나 고민 등이 담담하게 이야기 되는 정도면 충분합니다. 부모자녀간에 나누는 대화의 대부분이 (대학을 위한) 공부라면, 이건 대학이 진로 위에 군림하는 하극상의 현장이 됩니다. 이렇게 위계가 뒤바뀌면 재정, 정서 등 여러 영역에서 문제는 더욱 커지는데 원인을 발견하기조차 어렵게 될 것입니다.

대학은 약간의 길만 제시할 뿐이다

우리는 4차, 5차 산업 시대를 눈앞에 두고 있습니다. 이제 "대학이 미래를 보장해 주지 않는다."는 말은 너무나 진부해졌고, 대학이 인생의 끝이 아니라는 점은 누구나 알고 있습니다. 그럼에도 불구하고, 여전히 대학을 목표로 삼고 있다는 데에서 모순이 발생하고, 그 모순의 크기만큼 사회적 부담도 커집니다. 그렇다면 왜 부모와 자녀들은 여전히 대학을 목표로 삼을까요?

첫째, 한국 사회에서 대학이 정체성의 중요한 부분을 차지하기 때문이고, 둘째, 불확실한 미래 속에서 그나마 구체적인 목표처럼 느껴지기 때문입니다.

이러한 이유로 아이들은 대학이라는 '의미'를 부여하며, 시시포스의 노동처럼 힘든 과정도 견뎌내고 있습니다. 물론, 단기적인 목표에 집중하는 것은 긍정적일 수 있으며, 대학이 인생에 미치는 영향도 부인할 수 없습니다.

문제는, 대학이 사회 현실, 그리고 진로와 긴밀하게 연결되지 않았다는 점입니다. 플라톤이 아카데미아를 열고, 아리스토텔레스를 첫 제자로 배출했을 때부터 대학은 학문을 우선하는 장소였습니다. 대학이 사회의 요구에 맞추기 시작하면 학문의 진리가 왜곡되고, 순수 학문은 희생될 수밖에 없습니다. 그래서 대학을 '진리의 상아탑'이라고 부르는 것이지요. 상아탑이란, 쉽게 말해 코끼리가 죽을 때 자신만의 장소로 가서 죽는다는 전설처럼, 대학 역시 현실과 분리된 공간이어야 한다는 의미를 담고 있습니다.

그러나 오늘날 대학에 상아탑 역할을 요구하는 것은 현실과 동떨어진 이야기일 수 있습니다. 실제로 대학들도 치열한 경쟁 속에서 사회에 적극적으로 반응하고 있으며, 이미 기업화된 지 오래되었습니다. 대학 관계자라면 누구도 이를 부정할 수 없을 것입니다. 이러한 변화가 모두 나쁜 것은 아니지만, 문제는 대학이 상아탑과 기업화 사이에서 양다리를 걸치고 있다는 점입니다. **대학은 고고한 학문의 명예와 동시에 높은 '수익'의 매력을 누리며, 이 두 사이에서 짜릿한 균형을 유지하려 합니다.**

그럼에도 불구하고, 이를 인식하지 못한 학생들은 여전히 "이 학과를 나오면 어떤 일을 할 수 있나요?"라는 질문을 던지고, 진로 정보 사이트들은 대학 학과를 기준으로 직업을 분류합니다. 모두 대학이 진로 위에서 하극상을 범하기 때문에 생기는 현상입니다. 신문방송학과를 나와야만 기자가 되고, 정치외교학과를 나와야만 정치가가 되는 것이 아니며, 국어국문학과를 나와야만 작가가 될 수 있는 것도 아닙니다. 기계공학과를 졸업했지만 프로그래머가 되는 사람도 있고, 물리학과를 나와 증권사에서 일하는 사람도 있습니다. 대학이 진로와 직결되지 않다 보니 학생들은 수차례 고민하게 됩니다. 학과에 대한 고민은 대학 진학 시에만 그치지 않고, 졸업 후 신로와도 이어지지 않아 혼란을 겪게 됩니다. 하지만 이건 대학 고학년이나 졸업 즈

음이 되서야 느끼게 될 뿐, 대학을 준비하는 학생들 입장에서는 설령 얘기해 준다고 해도 전혀 다가오지 않을 겁니다. 가족 전체의 무게중심이 대학을 왕으로 삼고 있기 때문입니다. 이로 인해 시시포스의 바위는 더 무거워집니다.

이러한 혼란은 장관(대학)이 왕(진로)보다 더 높은 자리에 올라서기 때문에 발생하는 것입니다. 차라리 대학이 외딴 곳에서 고고하게 인재를 양성하거나, 과감하게 학과를 직무별로 분류해 몇 개월 만에 졸업이 가능하도록 유연성을 갖추는 것이 더 나을지도 모르겠습니다. 하지만 잘 나가는 대학들은 언제까지나 명예와 부라는 달콤한 양다리를 포기하지 않을 것입니다. 따라서 왜곡과 혼란은 계속될 것이며, 결국 좋은 대학을 졸업한 소수만이 명예와 부를 차지하고, 대다수는 '루저'로 남게 될 것입니다. 이 과정에서 대다수의 학생들과 왕(진로)은 외면당하고, 장관(대학)에 매달리는 아이러니한 상황은 지속됩니다. 그리고 이러한 모순을 이용하는 학원과 사교육 업자들은 가장 교육적인 척, 인생의 전문가인 척하며 번창을 이어 갈 것입니다.

한국 영어교육은 하극상의 희생양

　모든 과목들 중에서도, 한국식 영어는 대학이 왕 노릇하는 상황의 최고 희생양입니다. 영어교육에서 가장 우선되는 영역은 일상 생활에서의 활용, 즉 스피킹과 리스닝일 것입니다. 아이들을 보아도 먼저 말하고 들을 줄 알게 된 다음에 읽기, 쓰기를 배우니까요. 하지만 우리나라 영어에서는 이 기본적인 우선순위가 완전히 뒤바뀌어 버렸습니다. 물론 초등학교까지의 영어 사교육은 말하기를 위주로 하는 성향이 있습니다. 그만큼 사교육비가 비싸지요. 그런데 초등학교 고학년, 중학교로 넘어오면서 슬그머니 시험 영어로 전환합니다. 학원이 아예 교육 과정을 이런 식으로 편성하거나 학부모가 알아서 시험 영어식의 학원으로 바꾸는 경우도 많습니다. 영어 학원들은 고등학교에서 수학이 더욱 어려워지고 여러 가지로 바쁘기 때문에, 초등학교, 늦어도 중학교 때까지는 영어를 끝내놓아야 한다고 합니다. 공포 마케팅으로서 아주 효과가 높은 방식이지요. 이때 끝내놓아야 한다는 영어는 당연히

'말하기'가 아니라 '시험용' 영어입니다. 그럼 차라리 어릴 때부터 시험 영어를 시작할 것이지, 왜 초등학교까지는 말하기 위주로 수업을 할까요? 마케팅은 소비자의 마음을 반영하기 마련이니, 영어에 대한 한국 학부모들이 갖고 있는 모순을 고스란히 반영하고 있는 것입니다. 어릴 때부터 시험 영어를 한다는 건 지나친 거 같고, 영어의 본질에도 안 맞는 거 같습니다. 우리 애가 본토 발음으로 몇 마디 하는 걸 보면 막 대견하고 뿌듯하고 좋은 부모가 된 거 같은 기분도 듭니다. 그런데 초등학교 고학년이 되어가면서 주변의 얘기를 듣다 보면 불안해지기 시작하고, 결국 시험을 못 보면 아무 소용도 없다는 생각이 드는 겁니다. 그 결과 소수를 제외한다면 대부분 아이들의 영어는 중학교 이후로 스피킹을 잃어버리게 되고, 고등학교 이후로는 그 힘들게 익힌 학문용 영어단어들을 잊어버리게 됩니다. 기껏해야 더 좋은 대학을 들어가고 싶은 미련이 남아서 재수할 때나 소용이 있겠지요.

한국의 고등학교 정시나 수능영어 시험에서 높은 점수를 받기 위해서는 엄청나게 어려운 어휘와 표현들을 어마어마하게 외워야 합니다. 부모들은 이게 얼마나 많은지, 그리고 영어를 사용하지 않는 문화권에서 이를 익히고 유지하는 게 얼마나 어려운지 전혀 감을 잡지 못합니다. 그저 성적을 갖고 뭐라고 하면서 이 학원, 저 과외 옮겨 다니게 할 뿐입니다.

학생이 영어를 잘 못하는 상황 자체는 큰 문제가 아닙니다. 예를 들어 고2

학생의 영어 나이가 중1이라면, 중1 내용부터 차근차근 올라와서 따라잡으면 됩니다. 이건 모든 과목에서 마찬가지인 원리고, 이렇게 따라잡는 경험은 학생 개인에게 있어서도 어마어마한 의미가 있기 때문에 이런 일이 자주 일어날수록 그 나라의 교육은 건강하다고 할 수 있습니다. 하지만 우리나라에서 이런 일이 자주 발생하지 못하는 이유, 따라서 우리나라의 교육이 건강하지 못한 이유는 어릴 때부터 전속력으로 달려오지 않으면, 한번이라도 낙오되면 따라잡을 수 없을 정도로 숨 가쁘게 디자인되어 있는 교육체계 때문입니다. 영어로 국한해서 말하자면 한마디로 영어 단어가 너무 많기 때문입니다. 그렇다고 해도 맘을 먹고 적절한 학습법으로 하면 따라잡을 수도 있고, 영어를 못했던 아이가 잘할 수도 있겠지요. 하지만 영어 외 다른 과목들, 수행평가들, 학원숙제들의 중압감이 너무 강력하니 한번 뒤처진 과목에 덤빌 용기 자체가 생길 수가 없습니다.

아이들은 어릴 때부터 너무 달렸기 때문에, 그리고 시키는 대로만 학습해왔기 때문에 20대 이후로 학문적 성과가 급락하고, 따라서 한국 교육은 학문 연구 분야에서 뒤떨어지는 결과물을 거두고 있습니다. 다그치는 교육 문화로 발생하는 정서적 불화, 자녀 사교육비 때문에 노후를 대비하지 못하는 가정의 경제적 문제도 심각합니다. 그렇다면 이렇게 비효율적인 결과물이 뻔한데도 왜 그렇게 숨 가쁘게 되어 있을까요?

한마디로 교육에 정치가 개입했고, 교육보다 정치적 이해관계를 우선시하는 정치적 정책이 대학을 가리키고 있기 때문입니다. 수많은 아이들과 가정들의 운명을 좌우한다고 믿어지는 대학 입시에는 사회의 모든 눈이 향해 있습니다. 정권의 연장을 원하는 정치권에서는 교육정책에 민감할 수밖에 없는데, 가장 조심스러우면서도 개입할 수밖에 없는 과목은 단연코 영어입니다. 빈부격차가 가장 잘 드러나는 과목이기 때문입니다. 영어는 생활영어건 학문/시험영어건 간에 원어민 같은 환경에서 익히는 게 최고입니다. 하지만 현실적으로 우리나라는 영어권 환경이 아닙니다. 따라서 어린 시절에 영어권 국가 생활을 하거나, 또는 원어민에 온/오프로 자주 노출되는 환경을 마련해 주려면 매우 많은 돈이 듭니다. 따라서 일반 가정에서는 주 2~3회 정도의 학원에 보낼 수밖에 없는데, 앞서 말했던 것처럼 학원들은 초등영어의 로망을 채워주기 위해서 뭔가 말하기를 하는 것처럼 수업을 구성하지만 그 정도 노출량으로 영어 활용의 흐름은 생길 수 없습니다. 그러니 결국 중학교 이후 시험 영어로 귀결되는 것입니다. 여기서 정부의 고민이 생기는데, 수능 영어에는 어릴 때부터 영어권 환경을 살아온 학생들 A와 시험영어만 붙잡고 살아온 학생들 B가 모두 대상이 되기 때문입니다. 대학의 권위가 있고 수능시험으로서의 변별력이 필요하니 A에게도 어려운 수준의 문제를 출제해야 합니다. 이렇게 해서 영/미국 명문대 학생들이 풀어도 어렵다는 수능 영어문제가 출제되는 것입니다. 그래도 A에게는 이런 과정이 도움이 됩니다. 영어를 담는 그릇이 갖춰져 있기 때문입니다. 문제는 A 만큼의 영어 배경이 없는 B에게 터무니없을 정도의 학습량이 요구된다는 점, 그리고 더 터무니없는 상황은 그렇게 괴롭게 익혔다고 하더라도 그 지식들이 대학 수능시험 이후로는 증발한다는 점입니다. B에게는 영어의 그릇이 마련되어 있지 않기 때문입니다. 설령 B들이 스피킹을 연습한다고 해도, 고등학교 때 외워댄 그 수많은 학문적 표현들을 일상 생활에서 활용할 기회는 많지 않습니다. 오히려 일상 회화에서 문어체적인 표현들이 나오게 되어 어색한 영어를 구사하게 되는 주범이 됩니다. 물론, 이런 식으로 습득한 영어는 학문적 영역에서는 유용하다고 할 수 있습니다. 그러나 고등학교를 졸업하는 학생들 중 학문적 영어가 실제로 필요한 경우는 대학이라는 상아탑에 머무르는 소수에 불과합니다.

한국식 영어가 기형적으로 발전한 이유는 6·25 전쟁 이후 빠른 경제 성장이 필요했던 상황과 맞물려 있습니다. 당시 한국은 선진국의 기술을 신속히 받아들이기 위해 독해 능력이 매우 중요한 시기였으며, 이에 따라 읽기 위주의 영어교육이 자리 잡게 되었습니다. 이러한 접근법 덕분에 한국은 빠르게 경제 성장을 이룰 수 있었고, 그 당시에는 매우 효과적인 방법이었습니다. 그러나 "그때는 옳고 지금은 틀리다."는 말처럼, 지금의 한국 교육에서는 여전히 이 오래된 시스템이 그대로 유지되고 있어 불필요하게 영어 공포증을 낳고 있습니다. 십수 년 동안 영어를 배우고도 간단한 몇 마디조차 구사하지 못하는 우스꽝스러운 상황이 연출되는 것도, 근본적인 원인은 대학이 진로보다 우선시되어 왕 노릇하고 있기 때문입니다. 진로가 인생 전반에 걸친 과업이라고 한다면, 영어 등의 제2 언어를 익히는 과정도 진로의 중요한 구성요소가 됩니다.

입시에 갇힌 영어 살리기

　원래 이 내용은 이 책에서 다룰 내용이 아니었지만, 단순히 영어교육에 대한 문제제기만 하는 것도 적절치 않기 때문에 덧붙이게 되었습니다. 제대로 된 영어 전문가라면, 영어 공부를 어떻게 해야 하냐는 질문에 대해 이렇게 되물을 겁니다. "지금 영어 공부가 왜 필요하신 거죠?"

　왜냐면 '어떤 영어'를 필요로 하는지, 지금의 상황이 어떤지에 따라 접근법이 매우 크게 달라지기 때문입니다. 그러지 않고 천편일률적인 해결책을 제시한다면 그건 잘못된 결과로 이끄는 가짜 전문가인데, 문제는 대부분의 학원, 학부모들이 여기에 해당한다는 점이고 이 모든 잘못된 현상 대학이 진로보다 앞섰기 때문입니다.

　영어가 필요한 패턴을 분류해 보면 다음과 같습니다.

1. 유학, 이민 등 영어권 국가에서 불편함 없이 생활하거나 외국계 회사에서 업무 가능한 정도 / 스피킹 포함된 공인영어 (TOEFL, IELTS, OPIc 등) 높은 점수
2. 여행 등에서 외국인 친구와 의사소통이 가능한 정도
3. TOEIC의 높은 점수 (스피킹 제외)
4. 수능 영어 높은 등급 (EBS 연계가 있긴 하지만, 대체로 본문 범위가 정해지지 않음)
5. 내신 영어 높은 등급 (본문 범위가 정해짐)

1~2번은 실용적인 영어, 3~5번은 시험용 영어라고 구분할 수 있습니다. 3~5번은 딱히 말하기와 쓰기를 잘 하지 못해도 높은 점수를 받는 게 가능하기 때문입니다. 그중에서도 5번은 같은 중고생용 시험 영어지만, 교과서, 부교재, handout 등 출제 범위가 정해져 있다는 점에서 4번과 다릅니다. 한마디로 단어와 문법 등이 부족해도 그때그때 본문을 달달 외워서 시험을 치를 수 있다는 말입니다. 단어와 문법이 잘 되어 있는 학생 A에 비해서 달달 외우는 B의 학습 부담이 훨씬 커지는 건 두말할 필요도 없습니다. 지역에 따라 학생 A와 학생 B의 비율은 큰 차이가 나게 되는데, 서울 도심권이나 경기도 남부 부촌에는 B를 거의 찾아보기 어려운 반면 서울 외곽, 경기도 이외 지역으로 갈수록 B의 분포가 많아집니다. 앞서 말한 대로 빈부격차가 가장 극명하게 드러나는 과목이 영어이기 때문입니다. 물론 변별력이 중

요해지는 고등학교 내신시험에서는 본문을 변형하기도 하고, 외부 지문도 출제하기 때문에 기본기 없이 시험범위를 달달 외우는 방식으로는 효율도 없을 뿐더러 좋은 점수가 나오기 어렵습니다. 가장 큰 문제는 중학교 시험인데, 상대평가가 적용돼서 변별력이 중요한 고등학교 시험과 달리 중학교는 절대평가이기 때문에 고등학교보다 훨씬 쉽게 출제되고, 따라서 장기적인 관점으로 기본기를 키우는 게 아니라 그저 눈앞의 시험범위만 달달 외우는 앵무새적인 B가 많아지게 되는 것입니다. 그러다가 보다 높은 기본기와 사고력이 요구되는 고등학교 시험에서 탈탈 털리는 경험을 하게 됩니다. 차라리 중학교 때부터 문제가 인식되었다면 미리 본질적인 대비를 할 수 있을 것입니다. 이런 후진적인 패턴은 영어뿐 아니라 수학 등 다른 과목에서도 자주 볼 수 있는데, 당장 눈앞의 점수에 급급한 학부모와 학원, 그리고 시키는 대로 숙제만 빨리 해치우고 폰을 들여다보고 싶은 학생, 그리고 이 모든 현상 위에 떡하니 버티고 있는 대학이라는 우상의 콜라보라고 할 수 있습니다. 눈앞의 점수에 급급해서 본문, 문제를 달달 외우고 가짜 점수를 받아들고서 안심하는 바보짓은 모두 대학이라는 '단기적' 목표가 인생 전체를 좌우하는 양 행세하기 때문입니다.

이 책이 영어학습에 대한 주제가 아니기 때문에 자세한 방법론까지 다루기는 어렵지만, 위의 1번의 흐름이 되기 위해서는 결정적 시기(대체로 초등 고학년) 이전에 영어권 국가에서 장기간 체류하거나, 또는 일상에서 영어 노출 시간이 하루 평균 3~4시간 될 수 있는 소수 어학원에서 장기적으로 훈련된 케이스입니다. 모두 재정적으로 꽤 많은 투자가 필요한데, 엄마표 영어로 일상에서 독서, 영상 등 꾸준히 영어에 노출되게 한다면 상대적으로 재정적 부담이 덜하면서도 1번의 흐름이 되게 할 수 있습니다. 물론 이 경우에도 도서 구입비(또는 대여비)가 필요하고, 미디어 조절이 철저해야 하므로 꽤 힘든 방식이긴 하지만 그 효과로 본다면 충분히 투자할 만한 가치가 있습니다. 왜냐면 영어 콘텐츠의 재미가 영어 실력을 끌고 가게 할 수 있기 때문입니다. 비유로 표현하자면 재미라는 말이 실력이라는 마차를 끌고 간다고 하겠습니다.

문제는 1번의 흐름을 놓친 대다수의 학생들입니다. 초등학교 때 스피킹을 흉내내다가 결국 시험영어로 전환되는 어중간한 스탠스를 밟습니다. 위의 1번처럼 미디어나 영어 소설로 실력을 쌓을 수 없는데, 이때는 나이가 들었기 때문에 재미를 느끼는 부분이 실력과 너무 멀리 있기 때문입니다. 쉽게 말해서 실력에 맞는 영어 콘텐츠를 보면 재미가 없고, 재미가 있을 만한 영어 콘텐츠를 보면 실력에 맞지 않아서 자막을 보고 싶어집니다. 재미라는 말과 실력이라는 마차의 간격이 너무 먼 상태라고 할 수 있습니다. 그래도 학원들은 시험을 잘 보게 해야 하고 '빡세게' 시킨다는 이미지가 중요하기 때문에 수십 개씩 단어를 외워오게 합니다. 이렇게 아무 재미도, 맥락도 없는 단어를 외운다는 건 재미라는 에너지도 없고, 이게 어디에 쓰일 수 있다는 의미도 없으니 순전히 너무 힘든 시시포스의 바위같은 노동이 됩니다.

현실적인 방안으로는, 좋은 성적과 좋은 대학에 대한 동기부여는 되어 있을 테니 일단 시험 영어에 집중하는 게 좋습니다. 다만 눈앞의 성적 때문에 본문을 달달 외우는 방식으로 하지 말고, 장기 기억에 남아 있는 기본기로서의 어휘와 문법, 독해 실력을 기르게 해야 합니다. 위의 번호로 보자면 5번이 아니라 4번을 추구해야 한다는 얘기입니다. 4번이 잘 되어 있다면, 시험기간에 약간의 준비만 더해지면 5번은 자연히 따라오게 되어 있습니다. 하지만 항상 5번으로 땜 방식으로 성적을 거두는 학원들, 그리고 그렇게 공부하는 흐름이 있다는 걸 경계해야 합니다.

이 흐름에서 좀 더 바람직하게 되려면 영어를 실제로 구사하는 모습에서 아이가 멋을 느끼게 하고, 나중에 그렇게 연습하면 어느 정도 가능해질 수 있다는 느낌을 주는 게 좋습니다. 이렇게 할 수 있다면 일단 수능시험까지는 시험 영어를 준비하고, 수능이 끝나고 나면 그동안 외워놓았던 어휘들을 거꾸로 사용하기 위한 영어로 바꾸는 작업을 하면 됩니다. 이전까지 영어 → 한국어 식으로 외웠다면, 이제는 한국어 → 영어 식으로 방향을 바꾸는 거지요. 대학교 1학년부터 꾸준히만 한다면 충분히 어디서든 영어를 활용하는 사람이 될 수 있습니다. 그런데 대부분의 학생들은 수능이나 재수가 끝나면 취업준비 때까지 영어를 놓게 되고, 그렇게 힘들게 외웠던 영어들이 모두 사라지니 인적 자원이 중요한 우리나라의 입장에서 본다면 그야말로 석유보다 아까운 자원이 낭비되는 셈입니다. 대학교에 들어왔다면 그 이후를 염두에 두고 영어나 다른 외국어 습득이나 전공/인문학적 소양과 함께 취업 진로 등을 찾고, 그러면서도 알차게 놀기에도 바빠야 할 시기에 더 좋은 대학 간판이 아쉬워져서 다시 재수를 하게 되니, 앞으로 나아가야 할 시기에 뒤로 되돌아가는 흐름이 좋을 리가 없습니다. 역시 진로보다 대학이 우선시돼서 나오는 부작용입니다. 자녀가 4번의 흐름에 있다고 해도 가능하다면 영어권 문화에서 캠프에 참여하거나, 수시로 외국인을 만나는 기회를 찾고 저렴한 화상영어 등을 통해 시험영어에 갇히지 않는 감각을 주는 게 좋겠습니다. 또한 큰 차이도 없는 대학 간판에 연연하지 말고, 영어나 기타 외국어를 유창하게 구사하면서 거침없이 길을 찾아가는 모습이 훨씬 멋지다는 걸 깨닫게 해서, 이 멋이 에너지로 전환되게 해야 합니다.

대학을 이용해라, 이용당하지 말고

 어쨌든 대학은 여전히 사회에서 중요한 역할을 담당하고 있습니다. 특정 학과를 졸업해야만 할 수 있는 직업들이 있고(교사, 의사, 간호사, 한의사 등), 대학에서만 배울 수 있는 고급 학문도 존재합니다. 또한, 대학은 기본적으로 하나의 브랜드 역할을 합니다. 누군가를 세세하게 살펴볼 시간이 없을 때, 그 사람이 나온 대학을 보고 문해력이나 성실성을 가늠하는 경우가 많습니다. 저출산으로 인해 대학들이 위기에 처했다고 하지만, 대학은 여전히 대체 불가의 존재입니다. 그렇다면 우리는 어떻게 대응해야 할까요?

 대학이 브랜드 역할을 한다는 것은, 결국 대학이 하나의 스펙이라는 뜻입니다. 최근에는 블라인드 전형을 통해 출신 대학을 숨기는 경우도 있지만, 합격자들의 대부분이 여전히 유명 대학 출신입니다. 이는 대학마다 고유한 생태계와 분위기가 존재하기 때문입니다. 수업에서 발표하는 사람들의 수

준, 주변 사람들의 목표와 준비 과정, 그리고 그들의 진지한 태도가 서로에게 강한 영향을 미치기 마련입니다. 아무 생각이 없어 보이는 학생도 진로에 대해 고민하게 되는 환경이 조성되죠. 주변에서 어떤 시험을 준비하고 있다고 하면, 자연스럽게 "나도 해 볼까?"라는 생각을 하게 되는 것입니다. 반면, 비생산적인 문화가 강하고 목표 없는 행동이 주를 이루는 대학에서는 혼자서 불굴의 정신을 유지하는 것이 쉽지 않습니다. **대학의 가장 큰 의미는 스펙 그 자체가 아니라, 바로 이런 생태계와 분위기에 있습니다.**

따라서 우리는 대학을 적절히 활용해야 합니다. 먼저, 왕(진로)과 장관(대학)의 자리를 올바르게 찾아 주어야 합니다. 학과를 정하고 그에 맞춰 진로를 설정하는 것이 아니라, 진로를 먼저 정하고 그에 맞춰 학과와 대학을 선택해야 합니다. 말하고 보니 당연하다 싶지만, 이 당연한 게 지켜지지 않아서 엄청난 문제가 생기고 있는 겁니다. 이 과정에서 특정 직무의 실제를 구체적으로 알게 되면, 수능 입시뿐 아니라 취업의 자기소개서, 면접에서 확실한 차별화를 갖게 됩니다. 이미 대학에 다니고 있는 상황에서 생태계가 별로 도움되지 않는다면, 재수나 편입으로 대학 간판을 바꿀 과거지향적 결정을 하지 말고, 졸업 후 목표 직무를 명확히 정하고 주기적으로 시간을 구분해 직무 조사를 하면서 필요한 스펙을 채워나가야 합니다. 그런데 대부분의 대학생들은 직무조사를 배운 적이 없고, 따라서 그저 다른 학생들이 하는 스펙채우기만 따라하는데 급급해집니다. '뾰족한' 준비를 하지 못했기 때문에 취업 시장에서 실패하게 되는 겁니다.

  목표가 분명할수록, 주위 환경에 휩쓸리지 않고 자신의 길을 갈 힘이 생깁니다. 대학은 하나의 스펙일 뿐입니다. 어떤 스펙은 필수적일 수 있지만, 그것만으로 성공을 보장하지는 않습니다. 스펙은 그저 스펙일 뿐이니, 그 이상의 의미를 부여하지 말아야 합니다. 결국, 대학이 요구하는 모든 것을 따르기보다는, 필요한 부분만 뽑아내어 적극적으로 활용하는 것이 우리의 목표가 되어야 합니다.

고교학점제 시대
- 대학을 위해서라도 진로가 우선이다

진로가 아니라 대학을 왕으로 삼고 있다면, 최소한 대학에 대한 정보는 철저하게 알고 있어야 할 것입니다. 그러나 실제로 학생들과 대화해 보면, 학과에 대한 정보가 매우 부족한 경우가 많습니다. 심지어 고3 막바지에 이르러서도 학과 이름에서 느껴지는 얕은 인상만을 가지고 자신의 점수에 맞춰 지원하는 일이 흔합니다. 대학이 곧 자신의 정체성이 될 것인데, 왜 이렇게 정보 수집에 소홀한 것일까요? 단순히 게으름의 문제가 아니라면, **학생들의 일상이 시험 공부, 숙제, 수행평가로 가득 차 있기 때문에 과잉 정보 속에서 우선순위를 놓치고 있는 것일 수 있습니다.** 첫 단추를 제대로 끼우지 않고, 둘째, 셋째 단추에만 집중하게 되는 것이죠. 이런 상황에서 둘째, 셋째 단추를 꼼꼼하게 맞춰주는 학원들이 인기를 끄는 이유도 여기에 있습니다. 하지만 잘못 끼워진 첫 단추는 아무도 신경 쓰지 않는 것이 문제입니다.

수능 성적으로 합격을 결정하는 정시 제도는 불합리하다는 이유로, 이제 수시 제도가 주를 이루게 되었습니다. 수시는 중간, 기말고사 성적, 수행평가, 대회 결과 등을 종합적으로 평가하는 방식입니다. 공교육 정상화를 위해 국가는 수시 비율을 높이는 대학에 인센티브를 제공하고, 정시 비율을 늘리는 대학에는 페널티를 부과하기도 했습니다.

수시 전형으로 원하는 대학에 합격하기 위해서는 중간, 기말고사 점수와 수행평가가 중요하다는 사실은 누구나 알고 있습니다. 하지만 진로 성숙도가 얼마나 중요한지는 잘 모릅니다. 입학 사정관들은 학생의 전공 적합성을 가장 우선시하는데, 이는 고등학교 1학년 때부터 어떤 진로를 설정하고 관련 활동을 해 왔는지를 꼼꼼히 살펴보는 과정입니다. 이제 고교학점제가 도입되면서, 학생들은 스스로 진로와 관련된 학과를 선택해 수강해야 합니다. 그렇기 때문에 늦어도 중학교 3학년 졸업 때까지는 구체적인 희망 학과를 정해야 하고, 그렇지 않으면 심각한 불이익을 받을 수 있습니다.

"너무 일찍 진로를 정하라는 것이 아닌가?"라는 생각이 들 수 있지만, 교육부는 고교학점제 정착을 위해 중학교 1학년부터 자유학년제를 실시하고, 중학교 3년 동안 진로 수업을 제공해 왔습니다. 하지만 현실적으로 학생들은 이 과정에서 큰 도움을 받지 못하고 있습니다. 사유학년제는 그저 시험이 없는 한 해로, 진로 수업은 지루한 과정 정도로 인식되기 때문입니다. 이러한 소통의 부재는 결국 우리가 중요하게 여기는 대학 입시 실패로 이어집니다. 이로 인해 정시 비율이 점점 줄어들어도 재수생과 N수생이 끊이지 않는 것입니다. 그 기회비용은 고스란히 부모님들의 부담으로 돌아갑니다.

천동설과 지동설이 존재하듯, 대학을 중심으로 보는 사람들은 '진동설'을 믿고, 진로를 중심으로 보는 사람들은 '대동설'을 따릅니다. 즉, 대학이 중심이고 진로가 대학을 중심으로 돌아간다는 믿음이 진동설이라면, 진로가 중심이고 대학이 그 진로에 맞춰진다는 믿음이 대동설입니다. 입시에 대해 잘 모르는 사람들은 대학이 중심이라는 학원들에게 쉽게 휘둘립니다. 하지만 입시에 대해 조금만 연구해도 대동설, 즉 진로가 먼저고 진로를 중심으로 대학과 학과 선택이 따라가야 함을 깨닫게 됩니다.

여기서 주목해야 할 점은 학생과 학부모가 첫 단추를 무시하게 만드는 거짓 우상들과 거짓 전문가들입니다. 이들은 대동설을 이해하지 못하게 하고, 학생들을 잘못된 방향으로 이끌어 가며 대학 입시의 핵심을 놓치게 만듭니다.

진로의 4대 우상론

프랜시스 베이컨은 우리의 인식을 왜곡시키는 네 가지 장애물을 4대 우상으로 분류했습니다. 이러한 개념을 우리의 진로 문제에 적용해 보면, 진로를 혼란스럽게 하는 요소들을 베이컨의 기준으로 분류할 수 있습니다.

1. 동굴의 우상

'동굴의 우상'은 좁은 공간에 갇혔을 때 경험하게 되는 감각의 왜곡을 말합니다. 예를 들어, 레크리에이션 강사의 작은 상품에 지나치게 열광하거나, SNS의 '좋아요' 수에 과도하게 집착하거나, 게임에서 등급을 올리기 위해 과도한 돈을 쓰는 행동들이 이에 해당합니다. 이 우상의 특징은 그 상황 안에서는 잘 인지하지 못하다가, 밖으로 나왔을 때야 비로소 "내가 왜 그랬지?" 하는 깨달음이 오는 경우가 많다는 것입니다. 이러한 현상은 우리의 교육 과정에서도 발견됩니다. 초등학교, 중학교, 고등학교, 대학교를 지나면서, 각 시기에 해야 할 일이 너무 많아 바쁘게 생활하지만, 이 많은 일들 속에서 우리는 진로라는 중요한 본질을 잊게 됩니다.

예를 들어, 고등학교에서 내신 1등급을 받거나, 대학에서 4.5 만점을 받기 위해 모든 노력을 기울였다고 합시다. 그 결과 좋은 대학에 합격하고, 교수님께 인정받을 수 있을 것입니다. 그러나 이러한 성과들은 결국 하나의 스펙에 지나지 않습니다. 진정으로 중요한 진로를 무시한 채 스펙 쌓기에만 몰두하면, 밸런스가 무너져 진로를 제대로 준비하지 못하게 됩니다. 설령 최고 명문 대학을 졸업했다고 하더라도, 직무에 대한 준비가 제대로 되지 않으면 기업에서 인정받기 어려울 것입니다. 따라서 내신과 학점이 중요할지라도, 진로라는 왕을 먼저 우선시하지 않으면, 반드시 그 대가를 치르게 되는 순간이 올 것입니다.

플라톤의 '동굴의 비유'에서처럼, 우리는 벽에 묶여 그저 반대편 벽에 비친 그림자만을 바라보고 있는 상태일 수 있습니다. **동굴 밖의 진짜 세상, 즉 진로를 알지 못하기 때문에, 벽에 비친 그림자(대학, 학점 등)를 진짜라고 믿습니다.** 하지만 동굴 밖으로 나가 진짜 말, 새, 해의 모습을 보게 되면 그것이 전혀 다른 것임을 깨닫게 됩니다. 기업과 직무의 생태계도 마찬가지입니다. 이 생태계를 제대로 이해하지 못한 채, 대학과 성실성만으로 준비했다고 해서 직무에 적합한 인재로 인정받기는 어렵습니다.

더욱 흥미로운 점은 이 그림자가 진짜라고 속이는 자들의 존재입니다. 그들은 동굴의 우상과 연결된 동시에, 극장의 우상과도 관련이 있습니다. 이들은 자칭 '전문가'라며 사람들을 속이고, 큰 이익을 취합니다. 이러한 속임수에 넘어가면 진로가 왕이 될 수 없고, 결국 동굴에서 벗어날 수 없습니다.

결론적으로, 진로를 제대로 설정하지 않고 그저 눈앞의 성과에만 매달리는 것은 동굴 속에서 벽에 비친 그림자를 진짜로 착각하는 것과 같습니다. 진로가 중심에 서지 않으면, 우리는 이 잘못된 인식을 벗어나지 못하고 결국 불행을 맞이하게 될 것입니다.

2. 극장의 우상

초·중·고등학교는 모든 아이들이 거쳐야 하는 일종의 동굴입니다. 물론 이 동굴은 어린아이들을 보호해 주는 온실의 역할도 합니다. 하지만 '온실 속의 화초'라는 말처럼, 이 동굴 안에 갇혀 있는 아이들은 동굴 밖, 즉 진로라는 중요한 목표를 제대로 보지 못하는 것이 문제입니다.

지역마다 유명한 학원이 있고, 자녀를 명문 대학에 진학시킨 경험이 있는 부모들이 존재합니다. 이들은 중고등학교라는 온실 안에서 거의 절대적인 영향력을 행사합니다. 그들이 제공하는 정보와 방법은 온실 안에서는 유용합니다. 하지만 문제는 결국 온실 밖으로 나가야 한다는 사실입니다. 그들이 전하는 이야기의 첫 단추는 "좋은 대학에 가면 모든 것이 해결된다."는 잘못된 전제에서 출발합니다. 대학 이후의 삶은 너무 먼 이야기로 취급되기 때문에, 학생들은 그들의 말을 그대로 따르게 됩니다. 하지만 첫 단추가 잘못 끼워지면 옷이 비틀어지듯이, "대학이 진로를 해결해 줄 것"이라는 믿음은 아이들을 왜곡된 길로 이끌고 맙니다. 우리는 이러한 아이들을 공교육과 사교육 현장에서 수없이 목격해 왔습니다.

어린 왕자 이야기에 등장하는 터키 천문학자가 별 B612호를 발견하고 이를 발표했지만, 그의 복장이 광대 같았기 때문에 사람들은 그 말을 신뢰하지 않았습니다. 나중에 그는 연미복을 입고 똑같은 내용을 발표하자, 그제야 사람들은 그의 발견을 인정했습니다. 유명한 사람이 하는 말은 신뢰감을 줍니다. 그들은 유명하기 때문에 신뢰받기도 하고, 신뢰받기 때문에 유명해지기도 했습니다. 이처럼 극장의 우상은 유명한 전문가나 학원 강사, 교수들이 자주 등장하는 매체에서 나오는 사람들의 말을 무조건적으로 믿는 현상을 말합니다. 이러한 사람들은 특정 지역이나 커뮤니티 내에서도 엄청난 지배력을 발휘합니다. 특히 자녀 성적이 좋은 엄마들이나 유명 학원의 논리가 학부모들에게 강력한 영향을 미칩니다.

문제는 이 극장의 우상이 실제로는 동굴 안에서 활약하는 존재라는 점입니다. 사실, 전문가일수록 동굴과 친숙합니다. 그들은 특정 분야에만 전문성을 지닌 스페셜리스트이기 때문에, 좁은 영역 안에서만 뛰어난 성과를 내놓습니다. 스페셜리스트(specialist)라는 단어의 스페셜(special)은 일반적인 것(일반성, general)의 반대로, 특정하고 좁은 영역에 집중하는 것을 의미합니다. 그래서 "뛰어나다"는 의미는 동굴 안에서만 적용될 수 있습니다. 그러나 우리는 이들이 동굴 밖에서도 옳다고 착각하며, 그들의 말이 모든 상황에 적용된다고 믿게 됩니다. 이로 인해 수많은 왜곡이 발생합니다.

초·중·고등 학습 전문가들은 동굴 안에서 아이들을 가르치지만, 정작 동굴 밖의 세상, 즉 진로와 경력의 세계에 대해서는 잘 모르는 경우가 대부분입니다.

동굴 밖으로 나가기 위해서 어떤 준비를 해야 하는지도 모른 채, 아이들을 동굴 안에 붙잡아두고 벽에 비친 그림자만을 보게 만듭니다. 이들은 자신들의 동굴 속에서 아이들을 붙잡고 있는 것이 이익이 되기 때문에, 그것이 옳다고 믿습니다.

더 나아가, 잘못된 학습 전문가들도 많습니다. 그들은 "자녀가 이 부분이 부족하다"는 말을 통해 부모들에게 불안을 조장하고, 학교 시험에 맞춘 단기적인 결과를 내는 마케팅 스페셜리스트들입니다. 부모들은 불안감을 해소하기 위해 그들의 말을 따르고, 거래는 쉽게 성사됩니다. 그러나 기계처럼 단기적인 결과만을 찍어 내는 교육은 성장하지 못합니다. 그저 결과만을 생산할 뿐입니다. 이를 '교육'이라는 이름으로 포장해 파는 것이 바로 시장의 우상입니다.

이렇게 아이들은 시키는 대로만 하는 근시안적 태도를 키우게 되어, 동굴 안에 안주하게 됩니다. 결국, 언젠가 동굴 밖으로 나가야 할 때가 오면, 아이들은 그제야 부모와 세상을 원망하게 될 것입니다. 어디서부터 잘못되었는지조차 알지 못한 채 말입니다.

3. 시장의 우상

마케팅에서 언어의 중요성은 매우 큽니다. 특히 감성이 중시되는 4차 산업 시대에는 더욱 그러합니다. 때로는 제품의 품질보다도 이름이나 광고 문구가 판매를 결정짓는 경우가 많습니다. 소비자들은 제품 이름이 주는 느낌에 큰 영향을 받으며, 그 느낌이 부정적으로 작용할 때 이를 '시장의 우상'이라고 부를 수 있습니다. 교육 시장에서도 마찬가지인데, 그 대표적인 예가 바로 '사교육'이라는 표현입니다.

표준국어대사전에 따르면, '교육'은 '지식과 기술 등을 가르치며 인격을 길러 줌'이라고 정의되어 있습니다. 즉, 지식과 인격이 톱니바퀴처럼 맞물려 발전해야 비로소 진정한 교육이 이루어진다는 뜻입니다. 그러나 사교육에서는 단기적인 성과가 평가의 기준이 되는데, 과연 이러한 교육이 바람직한 인격 형성을 가능하게 할까요? 오늘날에는 공교육조차도 그 역할에 대해 의심을 받는 시대입니다.

인격은 시야와 밀접한 관련이 있습니다. 어린아이들은 인내라는 개념을 쉽게 이해하지 못하며, 성숙한 인격을 가진 사람일수록 기다릴 줄 아는 지혜를 배웁니다. 따라서 교육자의 역할은 미숙한 학습자가 눈앞의 결과에만 집착하지 않도록 깨우치고, 멀리 보며 궁극적인 결과를 예상하면서 현재의 행동을 결정할 수 있도록 가르치는 것입니다. 그러나 지금의 교육 체제에서 이러한 교육적 역할을 기대할 수 있을까요? 유명 대학이나 의대, 한의대 합격자 명단을 화려하게 내세우는 학원에서나, 그저 성적만을 중시하는 학교에서 이러한 역할을 기대하기는 어렵습니다.

반면에 진로는 장기적인 시야를 길러줍니다. 먼 곳에 있는 숲을 바라보면서, 당장 눈앞에 있는 나무를 제대로 다룰 줄 아는 능력을 키우게 해줍니다. 지금처럼 비틀리고 왜곡된 교육 시장에서, 아이들의 성숙한 인격을 위해서라도, 진로를 왕으로 선출하는 것이 반드시 필요합니다.

4. 종족의 우상

김동식 작가의 단편 「피노키오의 꿈」에는 독특한 반전이 있습니다. 신이 등장해서 피노키오에게 소원을 묻는데, 누구나 "사람이 되게 해 주세요!"라는 결말을 예상합니다. 하지만 피노키오는 "다시 나무가 되고 싶다"고 말하면서 끝나게 되는데, 이 결말은 종족의 우상을 잘 보여 주고 있습니다. 즉 이 글을 읽는 우리가 인간이기 때문에, 인간 중심적으로만 세상을 해석하는 오류를 갖게 된다는 말입니다. 또는 새는 그저 소리를 낼 뿐인데, 듣는 사람이 "새가 노래하네."라고 해석하는 것이 그 예입니다. 종족의 우상이 강한 사람은 자신의 가치관을 중심으로 생각하기 때문에, 다른 가치관을 이해하지 못합니다.

학부모들 사이에도 두 개의 종족이 존재합니다. **플라톤의 명칭을 따서, 앞으로는 이들을 '케이브족(Cave, 동굴)' 과 이데아족(Idea)'이라고 부르겠습니다.** 케이브족의 자녀들은 미디어에 많이 노출되어 있고, 동굴 밖으로 나가려 하지 않는 경향이 있습니다. 그들은 소비가 능력이라고 생각하며, 값비싼 아이템을 선호합니다. 반면 이데아족의 자녀들은 동굴과 바깥세상을 넘나들며 양쪽에 적응하는 능력을 지닙니다. 그들은 미디어에 대한 노출이 어느 정도 통제되며, 책, 악기, 운동, 공연, 여행 등의 실제 활동에서 즐거움을 찾습니다. 나이가 들수록 이데아족의 자녀들은 소비보다는 생산 능력과 문화적 경험을 중요하게 여깁니다. 케이브족의 자녀들 중에도 다양한 문화 활동을 하는 아이들이 있었지만, 초등학교 고학년이 되면 학원의 증가로 인해 문화 활동이 중단되고, 그 대신 미디어가 재미를 채워주는 역할을 하게 됩니다.

가끔 케이브족과 이데아족 부모들이 대화할 때, 케이브족은 종족의 우상에 사로잡혀 이데아족의 말을 이해하지 못합니다. 이데아족이 말하는 실제 세계를 케이브족은 그저 그림자로만 받아들이기 때문입니다. 그들은 평생 벽에 비친 그림자만 보아왔고, 그림자만 제공하는 '전문가'늘의 영향 때문이기도 합니다. 케이브족은 전체의 90% 이상을 차지하고, 이데아족은 10%

미만입니다. 우리나라 교육에서 진로가 왕 노릇하기 어려운 이유가 여기에 있습니다. 진로는 동굴 안과 바깥세상을 동시에 볼 수 있는 넓은 시야를 요구하는데, 대부분의 케이브족은 진로에 관심이 없고, 대신 단기적 성적과 전문가, 대학을 왕으로 세우기 때문입니다.

이데아족이라고 해서 케이브족보다 성적, 대학 성과가 나쁜 것은 아닙니다. 오히려 진정한 이데아족은 진로에 대한 감각 덕분에, 학교 공부라는 그림자도 더 생생하게 받아들입니다. 그들은 구체적인 목표를 가지고 있기 때문에 더 왕성한 에너지로 학습에 임합니다. 진로를 중심에 두면 그 과정에서 성적도 자연스럽게 따라오게 되는 것이죠.

학교 이데아

1994년 서태지와 아이들의 3집에 수록된 곡 〈교실 이데아〉는 당시 큰 논란을 불러일으켰습니다. 그때는 반항적이고 선동적인 내용으로 받아들인 사람들이 많았지만, '이데아'라는 단어에 주목해 보면, 이 곡은 단순한 반항을 넘어 동굴 속에서 그림자만 보게 만드는 교육에 대한 비판이 담겨 있음을 알 수 있습니다. 곡의 가사는 케이브족으로서의 잘못된 가르침을 깨닫고 이를 외치는 목소리였습니다.

곡 중에서 '그림자를 쏘는 전문가들'은 학생들에게 이렇게 속삭입니다.

"좀 더 비싼 너로 만들어 주겠어
네 옆에 앉아 있는 그 애보다 더
하나씩 머리를 밟고 올라서도록 해
좀 더 잘난 네가 될 수가 있어"

이 가르침에 따라 90%에 해당하는 케이브족 아이들은 순응하며 서로 경쟁하는 방식으로 성장합니다. 그리고 성적이나 성취에 대한 부족을 모두 개인의 노력 탓으로 받아들이며 순하게 살아갑니다. 그러나 이데아족의 관점에서는 이러한 교육 체계에 많은 문제가 있습니다. 반항적이 되고 싶어서가 아니라, 잘못된 것을 잘못되었다고 말할 뿐인데, 이러한 목소리마저 반항적이라는 낙인이 찍히게 됩니다. 그리고 이 낙인을 찍는 자들은 바로 '그림자를 쏘며 이득을 보는 무리들', 즉 교육 시스템과 전문가들입니다.

하지만 동굴 밖에는 이데아, 즉 진짜 현실이 존재합니다. 지금 우리가 배우는 그림자는 어디까지나 이데아로 나아가기 위한 일시적인 준비에 불과합니다. 그러나 대부분은 동굴의 우상에 사로잡혀, 그 안에서만 평생 살 것처럼 행동합니다. 이데아족은 이를 비판하며 외칩니다.

"됐어, 이제 됐어, 이제 그런 가르침은 됐어
그걸로 족해, 이젠 족해
내 사투로 내가 늘어놓을래"

여기서 '내 사투로'라는 표현은 두 가지로 해석될 수 있습니다. 하나는 '내 사투리, 즉 나만의 견해로 이야기하겠다'는 뜻이고, 다른 하나는 '같은 기준을 강요하는 가르침에 맞서 싸우겠다'는 의미의 '사투(싸움)'로 볼 수 있습니다다. 해외에서는 주로 사투(struggle)라는 해석으로 번역되며, 두 가지 의미를 모두 의도했을 가능성도 있습니다.

이어지는 가사에서, 당시 교육 현실에 대한 날카로운 비판이 담겨 있습니다.

"매일 아침 일곱 시 삼십분까지
우릴 조그만 교실로 몰아넣고
전국 구백만의 아이들의 머리 속에
모두 똑같은 것만 집어넣고 있어"

비록 지금은 등교 시간이 8시 30분~9시로 바뀌었고 전국 초·중·고 학생수도 줄어들었지만, 여전히 학생들의 머릿속에 똑같은 것을 집어넣고 평가하는 방식은 변하지 않았습니다. 서태지의 가사는 "고등학교를 지나 우릴 포장센터로 넘겨 겉보기 좋은 널 만들기 위해 우릴 대학이란 포장지로 멋지게 싸버리지"라고 말하며, 대학이 학생들을 마치 포장지로 감싸는 과정임을 비판합니다. 이 가사에서 대학의 본질이 감춰지고, 겉으로만 그럴듯하게 포장하는 교육 시스템의 문제를 지적하고 있습니다.

마지막 가사는 근본적인 질문을 던집니다.

"왜 바꾸지 않고 마음을 조이며 젊은 날을 헤매일까

바꾸지 않고 남이 바꾸길 바라고만 있을까"

    이는 교육 시스템의 문제를 인식하면서도, 누구도 이를 바꾸려 하지 않고 남이 먼저 바꾸기를 기다리는 현실을 꼬집고 있습니다.

    서태지의 〈교실 이데아〉가 발표된 지 수십 년이 지났지만, 당시 이 곡을 듣고 자란 학부모들이 오히려 케이브족이 되어 버렸다면, 이는 너무나 안타까운 일입니다. 〈교실 이데아〉는 여전히 우리가 되돌아보고 반성해야 할 많은 질문을 던지고 있습니다.

생각의 감옥

 선생님들이 자주 사용하는 말 중 하나가 "너희가 딴짓하는 게 안 보일 것 같지? 다 보여."입니다. 이 말은 마치 학생들의 행동을 통제하는 데 있어서 교사가 완전한 감시자인 것처럼 들립니다. 그러나 이 구조적인 감시 방식이 단순히 교사의 권위만을 위한 것일까요? 제레미 벤담이 설계한 파놉티콘(Panopticon)의 개념을 떠올리면, 이 구조는 단순한 교육 공간을 넘어선 감시와 통제의 효율성을 반영하고 있음을 알 수 있습니다.

 파놉티콘에서 'Pan'은 '모두, 전체'를 의미하고, 'opticon'은 '시야, 감시'를 뜻합니다. 벤담은 자신의 동생이 운영하던 조선소를 방문했을 때, 그곳에서의 효율적인 감시 시스템에서 영감을 받아 파놉티콘이라는 감옥을 설계했습니다. 이 감옥은 관리자가 소수의 인원으로 다수를 감시할 수 있는 구조로, 공장, 사무실 그리고 학교 같은 공간에도 적용될 수 있습니다.

파놉티콘의 설계도와 원형감옥

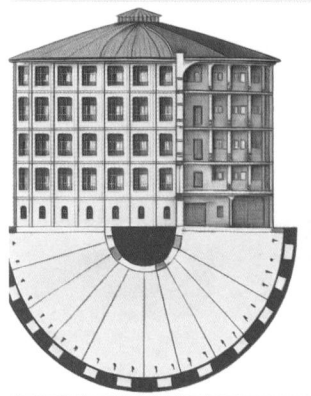

파놉티콘의 설계도와 원형감옥
그리스어 Pan(모두) + Opticon(보다)
= Panopticon

산업혁명 당시, 더 효율적인 노동 환경을 만들기 위해 학교는 소수가 다수를 통제할 수 있는 구조로 디자인되었습니다. 학생들이 교사나 관리자에게 집중하고, 통제되기 쉬운 방식으로 교실이 설계된 것입니다. 모든 책상이 교사를 향하고, 좁은 복도를 통해 학생들의 동선이 관리되는 것 역시 이 구조적 의도의 산물입니다. 학원 역시 마찬가지입니다. 효율적인 감시와 통제가 수익과 밀접하게 연관되기 때문입니다. 이런 효율성의 논리는 심지어 가축 축사나 도박장에서도 비슷하게 적용되고 있습니다.

문제는 이러한 **효율성의 논리가 교육과는 거리가 멀다**는 것입니다. **효율성은 일률적인 것을 선호하지만, 교육은 다양한 사고의 발현을 목표로 하기 때문입니다.** 효율적인 공간은 학생들의 생각과 행동을 똑같이 만들도록 제한하며, 이는 교육의 본질과 어긋납니다. 존 테일러 개토는 그의 책 『학교의 배신』에서 다음과 같이 비판했습니다.

아이들은 학교에서 절망의 시간을 선고받고, 있지도 않은 일(그림자)을 하는 체하고 있습니다. 하루가 끝나면 아이들은 공격성을 잔뜩 품은 채, 그 일을 집으로 가져갑니다. 학교에서 아이들은 슬퍼하고 절망합니다. 아이들은 자신들이 죽어가고 있다는 사실을 알 뿐, 사형 집행이 어떻게 이루어지고 있는지는 알지 못합니다. 아이들은 프롤레타리아트로 만들어지는 과정에 있습니다. 사랑도 없고, 독창성도 없고, 자기 집안이나 역사에 대해 아는 것이 없고, 꾸준한 성실함도 없는 사람으로 길러지는 것입니다. 아이들이 자신의 삶에서 의미 있는 길을 찾을 수 있도록 도와주려는 이들도 있지만, 상처받은 아이들은 그들에게 적대감을 드러내며 내버려두라고 합니다. "그냥 할 일만 말해 주세요." 하고 내뱉듯이 말합니다.

— 존 테일러 개토, 『학교의 배신』 중에서

개토의 비판은 **현대 교육 시스템이 학생들에게 진정한 성장을 제공하기보다, 그저 순응하고 통제되는 존재로 만들어 버린다는 점**을 지적합니다. 결국, 학교와 학원이 효율성을 강조하는 공간으로 변질되면서, 학생들은 사유와 독창성을 발현하기 어려운 환경에서 사라나고 있습니다. 교육이란 본래 다양한 가능성을 탐구하고 성장하는 과정이어야 하지만, 현재의 구조는 학생들을 획일화된 틀에 가두고 있습니다. 이는 마치 감옥처럼, 학생들의 자유와 잠재력을 억압하는 시스템을 지속시키고 있는 것입니다.

이러한 문제를 해결하기 위해서는 교육 공간의 재설계와 함께, 효율성이 아닌 창의성과 다양성을 중시하는, 아니 **다양성이 진정한 효율성이라는 새로운 교육 철학**이 필요합니다.

합격 현수막은 교육을 찢어

  큰 사업을 하는 사람은 그에 걸맞은 철학을 갖춰야 지속 가능한 성장이 가능합니다. **성장은 반드시 성품과 관련되기 때문**입니다. 때로는 운이 따르거나 일시적인 성공을 거두는 졸부(猝富)가 있지만, 그들은 급작스럽게 돈을 얻었을 뿐 철학적 기반이 부족하여 지속 가능한 성장을 이루기 어렵습니다. 이와 마찬가지로, 우리나라의 빠른 경제 성장은 물질적 풍요를 이루었지만, 정신적, 철학적 성장은 뒤처진 상태입니다. 행복지수는 낮고 자살률은 높은 현상은 우리 사회가 철학적 영양소가 부족하다는 것을 여실히 보여 줍니다. 그렇기에 교육에서 철학적 사고와 훈련이 더욱 중요해지고 있습니다.

  문제는 현 교육 시스템이 철학적으로 성숙하지 못하다는 사실을 고등학교 정문에 걸린 합격 현수막이 상징적으로 보여 준다는 점입니다. 이러한 현수막은 학교의 존재 이유가 그저 좋은 대학에 학생을 보내는 것이라고 선언하는 듯합니다. 이는 몇 가지 중요한 문제를 야기합니다.

1. 성공과 실패의 이분법

현수막에 이름이 오른 학생들은 '성공한 학생'으로, 오르지 못한 학생들은 '실패자'로 인식됩니다. 현수막에 오르지 못한 학생들은 스스로를 실패자로 여길 수밖에 없습니다. 하지만 어떤 사람들은 고등학교 졸업 이후에야 자신의 잠재력을 발휘하기도 합니다. 이처럼 대학이라는 장치가 학생들의 의식을 제한하는 것이 큰 문제입니다.

2. 대학 서열화 문화

고등학교가 대학을 서열화하며 합격 현수막을 다는 행위는 매우 오랜 관행입니다. 대학을 순위에 따라 나열하며, 의대와 SKY, 서성한, 중경외시 등의 순서로 학교의 가치가 평가됩니다. 물론 학생들이 이런 서열에 집착할 수 있지만, 학교가 여기에 동참하는 것은 교육 철학의 부재를 드러냅니다. 교사들이 교육 철학을 통해 인생의 넓은 시야를 가져야 하지만, 오히려 교육의 목적이 좋은 대학에 학생을 보내는 것에만 초점이 맞춰져 있다는 점이 문제입니다.

3. 열등감의 확산

대학이 성공의 상징으로 부각될수록, 모든 학생들은 열등감을 느끼는 존재가 됩니다. 지방대는 인서울보다, 인서울은 SKY보다, SKY는 의대보다 열등하다는 식의 서열 문화는 어디에서도 벗어날 수 없습니다. 이러한 서열화는 학생들의 자존감을 떨어뜨리며, 진로와 학습의 동기를 해칩니다. 교육이 이런 서열화를 교정해야 할 텐데, 오히려 학교가 서열화에 앞장서는 모습은 큰 문제입니다.

4. 대학 이후를 준비하지 못하는 문화

대학에 합격하면 그것으로 끝인 것처럼 취급되지만, 사실 대학 이후의 삶이 더 중요합니다. 그러나 대학이 마치 출생신분처럼 사람의 정체성을 결정하고, 이에 부모와 교사들이 과도하게 반응하는 현실은 학생들에게 더 큰 압박을 줍니다. 대학교 교정을 탐방하는 진로 활동도 대부분 '좋은 대학' 위주로 진행되며, 그 결과 학생들은 자신이 간 대학과 비교하며 현타(현실 자각 타임)를 느끼고, 재수나 N수 시장으로 몰리게 됩니다. 이로 인해 부모의 노후 자금과 국가적 자원이 낭비되며, 미래보다는 과거에 집착하는 사회가 형성됩니다.

5. 참된 성과의 인정 부족

현수막 문화는 단순히 '좋은 대학'에 합격한 학생들만을 강조합니다. 그런데 이러한 학생들은 대부분 어려서부터 공부를 잘하던 학생들입니다. 학교가 학생들을 잘 가르쳐서 그 성과를 낸 것이 아니라, 원래 잘하던 학생들을 데려왔을 뿐입니다. 만약 어떤 교사가 성적이 낮은 학생을 크게 성장시켰다면? 그런 성과는 학교나 교사에게서 잘 인정받지 못하는 현실입니다. 이는 학교의 가르치는 능력보다 입학 당시의 학생들 수준에 더 의존하는 구조적 문제를 드러냅니다.

우리는 **교육 시장은 풍성하지만, 교육 철학은 빈곤한 나라**에 살고 있습니다. 철학적 사고의 결여는 국가적으로 필수 영양소가 부족한 상태를 만들어, 우리 사회가 시름시름 앓게 하는 원인이 되고 있습니다.

따라서, 대학이 왕 노릇하지 못 하게 하고, 합격 현수막이 교육을 왜곡하지 못하게 해야 합니다. 상징적인 의미긴 하지만, 합격 현수막을 찢어 버리는 것이 교육의 첫걸음이 될지도 모르는 일입니다.

3부
널찍한 길의 치명적 패턴

가슴이 뛰는 일을 찾아라?

진로와 관련하여 벽면에 그림자만 비추는 가짜 전문가들이 많습니다. 이들은 자신이 옳다고 믿고, 아이들이 겪는 혼란을 그들의 노력 부족으로 돌립니다. 하지만 이들의 진정한 목적은 동굴 밖의 진짜 세상을 보여 주는 것이 아니라, 그저 벽에 비친 그림자를 바라보게 하는 데 있습니다. 이러한 **전문가를 구분할 수 있는 판별 기준은, 그들의 조언이 아이들의 진로를 다양하게 확장시키는지 아니면 모두 비슷한 길로 몰아넣는지를 보면 됩니다.**

많은 전문가들이 "꿈을 따라가라", "가슴이 뛰는 일을 찾아라"라는 멋진 말을 하는데, 이대로라면 모두 비슷한 길을 가게 될 것입니다. 물론 이 말이 크게 틀리다고 할 수는 없습니다. 실제로 좋아하는 일을 해야 어려운 순간에도 더 잘 버텨 낼 수 있을 것입니다. 하지만 문제는, 우리 아이들이 동굴 안에서 제한된 경험을 바탕으로 자라고 있다는 것입니다. 대부분의 아이들은 인터넷을 통해 비슷한 콘텐츠를 소비하고, 학교와 학원이라는 일률적인 생태계에서 생활합니다. 이러한 환경 속에서 아이들이 보고, 듣고, 느끼는 것은 대체로 비슷합니다. 누구나 성적이 좋으면 의사를 목표로 하게 된다던가, 또는 교사를 떠올리는 경우가 많은 현상을 예로 들 수 있습니다. 교사는 아이들이 가장 많이 접해 본 직업군이기 때문이고, 학교라는 좁은 세계관에서 과목으로만 세상을 보는 아이들은 자신이 조금 좋아하는 과목으로 직업을 정하게 되기 때문입니다. 뒤집어 말하면, 아이들은 다른 직무에 대해 경험해 본 적이 없기 때문에 그 직업을 생각조차 할 수 없다는 뜻입니다.

이러한 상황에서 전문가들이 외치는 "꿈을 찾아라"라는 메시지는 또 다른 부작용을 낳습니다. 아이들은 더 멋져 보이는 이름의 학과를 선호하게 되고, 학과 자체보다 대학의 이미지를 더 중시하게 되는 것입니다. 실제로 고3 학생들 대부분은 희망 학과가 있지만, 이 희망 학과가 대부분 비슷한 경험과 가치관을 바탕으로 하기 때문에, 결국 몇몇 특정 학과에만 몰리게 됩니다. 또한 원서를 쓸 때쯤이면 50% 이상의 학생이 자신의 희망 학과를 변경하기도 합니다. 이는 그들이 구체적인 조사 없이 학과를 선택하기 때문입니다. 대부분의 학생들에게 학과의 이미지가 중요할 뿐, 그 학과가 어떤 직무로 연결되는지, 그 학과 출신들이 어떤 일을 하고 있는지에 대한 조사는 거의 이루어지지 않습니다. 이러한 현상은 대학의 학과명 변경에서도 잘 드러납니다. 대학들은 학생들의 이미지 중심 선택을 반영해 학과 이름을 더 멋있게 바꾸고 있습니다. 예를 들어, 농업학과는 바이오시스템학과로, 요업공학과는 세라믹공학과로, 회화학과는 비주얼아트학과로 바꾸는 식입니다. 심지어 법학과를 공무원법학과로, 철학과를 철학상담학과로, 국문학과를 한국어문학과로 바꾸기도 합니다. 대학은 생존을 위해 이러한 변화를 시도하지만, 그만큼 이름과 이미지에 좌우되는 학생들의 성향을 반영한다고도 볼 수 있습니다.

대부분의 학생들이 비슷한 가치관과 이름의 이미지에 따라 전공을 결정한다면 결국 모두 비슷한 전공으로 몰려들고, 그 결과 치열한 경쟁과 정체에 부딪히게 될 것입니다. 이는 마치 명절 고속도로의 교통 체증을 연상시킵니다. **진로 선택은 멋있어 보이는 이름이나 이미지를 따라가는 것이 아니라, 한 걸음 더 깊숙이 들어가는 발상과 구체적인 조사로 해야 합니다.** 내 첫 번째 선택은 다른 이의 첫 번째 선택과 비슷할 가능성이 높습니다. 그러니 한 걸음 더 깊숙이 들어가는 두 번째 선택(on second thought)을 훈련해야 하는 것입니다. 그렇지 않으면 우리는 모두 비슷한 길목에서 서로 경쟁하며 막히는 상황을 맞이할 수밖에 없습니다.

램프 속의 아이들

    아이들의 진로 선택에서 발생하는 병목 현상은 마치 8차선 도로가 4차선, 심지어 2차선으로 좁아질 때 발생하는 교통 혼잡과 유사합니다. 차량이 적을 때야 큰 문제가 없지만, 출퇴근 시간이나 명절과 같이 차가 몰릴 때는 문제가 극심해집니다. 이는 각각의 차량이 출발하고 서는 데 생기는 시간 지연이 누적되어 전체 시스템에 커다란 비효율을 초래하기 때문입니다. 높이가 다른 도로를 연결하는 구간을 '램프(RAMP)'라고 하는데, 일반 도로보다 차선이 좁아질 수밖에 없기 때문에 이런 병목 현상이 고질적으로 발생하는 곳입니다.

    진로에서도 마찬가지로, 많은 아이들이 비슷한 꿈을 꾸고 비슷한 직무를 희망할 때 병목 현상이 발생합니다. 예를 들어, 의사, 교사라는 직업의 가치와 그 직업을 얻기 위해 필요한 노력이 각각 100이라고 가정해 봅시다. 하지만 너무 많은 학생들이 의사, 교사를 지망하다 보니, 500~1,000 정도의 노력을 쏟아도 꿈을 이루기 어려운 상황이 생깁니다. 즉, 많은 아이들이 한 직업군에 몰리면서, 그들이 실제로 얻을 수 있는 보상과 비례하지 않는 노력을 기울이는 비효율이 발생하는 것입니다. 결국 1,000의 노력을 투자해서 100의 가치를 얻는 상황이니, 이는 가성비가 매우 떨어지는 선택입니다. 물론 그 중에서도 불굴의 의지로 꿈을 이루는 사람들이 있습니다. 그리고 학원들은 이런 사람들의 스토리를 홍보용으로 사용해서, 답이 없어 보이는 취업 시장의 답인 것처럼 취준생들의 '가슴을 뛰게' 함으로써 첫 번째 선택을 쫓아가게 만듭니다. 결국 이런 잘못된 선택으로 인해서 생기는 대다수의 재정적 불행, 가정적 불행, 정서적 불행은 소수의 성공 스토리에 가려져서 전혀 알려지지 않게 됩니다. 그도 그럴 것이 실패 스토리를 굳이 자세히 써서 알리는 사람은 없기 때문입니다.

한때 이런 병목 현상이 가장 극심하게 일어나는 곳은 9급 공무원 시험이었습니다. 사실 어릴 때부터 9급 공무원을 꿈꾸는 아이들은 많지 않았을 겁니다. 그럼에도 불구하고 공무원 시험은 엄청난 경쟁을 불러일으켰습니다. 안정성이라는 단순한 이유 때문입니다. 이는 아이들이 '동굴 바깥'에 대한 두려움을 느끼고 있다는 것을 의미합니다.

"젊은이가 도전의식이 있어야지 안정만 추구해서 어떡하냐"라는 꼰대식

멘트를 날릴 게 아닙니다. 케이브족 아이들이 동굴 밖 세상에 대한 두려움을 느끼고 있다는 사회적 증거로 보아야 합니다. 앞서 도로의 램프(RAMP) 이야기를 했지만, 『아라비안 나이트』에 나오는 램프(LAMP)의 요정 지니는 엄청난 능력이 있지요. 하지만 평소에는 램프에 갇혀 있습니다. 우리 아이들도 마치 램프 안에 갇힌 지니처럼, 좁은 진로 선택지에 갇혀 꿈을 제대로 펼쳐보지도 못한 채 병목 현상 속에 갇히게 되는 겁니다.

  이를 해결하기 위해서는 아이들에게 실질적인 경험을 제공하고, 그들이 진로의 폭을 넓혀 더 많은 직업군을 직접 체험하거나 탐색할 수 있는 기회를 주어야 합니다. 그걸 막고 있는 게 학원 스케줄이고, 학원 스케줄 뒤에는 대학이라는 가짜 우상이 떡하니 동굴의 스크린을 채우고 있습니다. 대학이 가짜 우상인 이유는 동굴 밖으로 나갈 동력을 빼앗기 때문입니다. 동굴 안에서만 자란 케이브족 아이들은 자연스럽게 안정적인 선택을 선호하게 되고, 그 결과 꿈과 현실 사이의 괴리 속에서 진로 선택의 병목 현상을 겪게 되는 것입니다.

널찍한 길의 치명적 패턴

케이브족들은 익숙한 경기장에서 싸우기를 좋아합니다. 이는 정해진 시험 과목 내에서 경쟁하고, 그 길이 곧바로 직업으로 이어지기를 바라는 것을 의미합니다. 최근 의대의 인기가 하늘로 치솟는 현상도 이와 같은 이유 때문입니다. 사람들은 정해진 길과 정해진 과목에서 안도감을 느끼고 싶어 하고, 그 안에는 본질적으로 불안감이 숨어 있습니다. 이러한 불안감은 누구나 가지고 있기 때문에 그 길로 많은 사람들이 몰려들고, 결국 이 널찍한 길은 사람들로 인해 좁은 길보다 더 좁은 길이 됩니다. 성경의 표현을 빌리자면, 이는 죽음의 길이 되는 것입니다. 하지만 옆에서 많은 사람이 같은 길을 가는 것을 보고 또 다른 안도감을 얻는 것도 아이러니입니다.

진정한 승부는 경기장 안이 아닌 경기장 밖에서 일어납니다. 경기장 밖에는 정해진 규칙이 없고, 어디서 승부가 발생할지 모릅니다. 그래서 불안합니다. 하지만 이러한 불확실성에 적응한 자가 진짜 승리자가 되는 것이 인생이라는 경기입니다. 그렇다면 교육은 불확실성을 불편해하지 않고 유연하게 적응하는 능력 함양을 우선시해야 하지 않겠습니까? 실제로 정해진 경기장에서 뛰어난 성과를 낸 스포츠 스타들이, 경기장 밖에서 자기 관리에 실패해 어려움을 겪는 경우가 많습니다. 경기장 밖에서의 상황이 경기장 안에서의 경기력에까지 영향을 미치는 경우도 비일비재합니다.

헤르만 헤세의 『데미안』에서처럼, 모든 인간은 새로운 진로를 찾기 위해 알 속에서 성장하고 있습니다. 날고자 한다면 익숙한 세계, 즉 알을 깨뜨려야 합니다. 알을 깨뜨리지 않으면 알 속에서 죽고 말 것입니다. 익숙한 세계 안에서만 승부를 보려는 불안감이 사회적 현상으로 나타난 것이 바로 의대 쏠림 현상이며, 얼마 전까지만 해도 공무원 시험에서 비슷한 양상이 나타났습니다. 당시에 사람들은 두 가지 큰 착각을 가지고 있었습니다.

첫째, 공무원 시험은 진입 장벽이 낮다?

어릴 때부터 벽면의 그림자만 보며 자란 케이브족 아이들은 대학 졸업이 다가오고 동굴 밖으로 나갈 시점이 되면 큰 두려움을 느끼게 됩니다. 그렇다면 이제부터라도, 힘들더라도 체질 변화를 통해 동굴 밖 현실을 맞이하려는 각오를 다져야 합니다. 정해진 과목이 아니라 불확실한 경기장에서의 규칙을 하나씩 익혀나가야 한다는 의미입니다. 하지만 기껏 동굴에서 나왔더니 옆에 공무원이라는 또 다른 동굴이 보이고, 다시 그 안으로 숨어들 수 있다면 아이들은 어떻게 할까요? 이러한 각오는 쉽게 사라지고 동굴 속의 안일함이 다시 자라나게 됩니다.

당시 정부의 정책은 이러한 흐름에 더욱 기름을 부었습니다. 고졸자들의 공직 임용 확대를 위해 고등학교 과목을 공무원 시험 선택과목으로 지정하고, 기존 필수 과목을 선택 과목으로 바꾸었습니다. 이에 따라 많은 사람들이 익숙했던 과목을 선택하게 되었고, 이는 공무원 시험의 진입 장벽이 낮아 보이는 착각을 낳았습니다. 그 결과, 수많은 사람들이 공무원 학원에 등록하게 되었고, 많은 가정이 괴로움의 구렁텅이로 빠져들게 되었습니다.

경쟁률도 진입 장벽이 낮아 보이는 또 다른 이유였습니다. 2021년 국가직 9급 공채 시험의 경쟁률은 35:1이었지만, 이는 진정한 의미의 경쟁률을 보여 주지 않습니다. 실제로는 198,110명 중 5,662명만 합격하므로 192,448명을 이겨야 하는 상황입니다. 이는 단순히 35명을 제치는 것과는 차원이 다릅니다. 더군다나 대부분의 지원자들은 절박한 상황에서 준비하고 있기 때문에, 그들의 결연한 의지와 맞서 싸우는 것은 결코 쉬운 일이 아닙니다.

공무원 시험의 진정한 비극은 시험에 실패했을 때부터 시작됩니다. 한 두 번의 실패는 견딜 수 있지만, 두세 번의 실패는 상황을 악화시킵니다. 재정적 부담은 물론, 심리적 압박도 커져 공무원 준비 기간은 경력으로 인정받지 못하게 됩니다. 재도전을 할수록 불안감은 증가하고, 그로 인해 성과는 더욱 떨어지며, 결국 가족과의 관계도 악화됩니다. 이러한 불행은 대부분 가려져 있으며, 공무원 학원의 화려한 마케팅 덕분에 합격자들만 부각되고 실패한 이들의 이야기는 전혀 드러나지 않습니다. 결국 어릴 때부터 동굴 밖을 준비하지 않은 대가는 이렇게 가혹하게 돌아오게 됩니다. 의대 역시 마찬가지입니다. 합격한 사람들의 이야기가 주로 들릴 뿐, 의대를 목표로 하다가 합격하지 못한 아이들의 방황, 그리고 그 집의 재정적 손해 등은 개인적, 사회적으로 엄청난 손실인데도 잘 드러나지 않을 것입니다.

둘째, 공무원, 의사는 안정적이다?

공무원이 상대적으로 안정적인 직업인 것은 사실입니다. 하지만 실제로 유튜브에서 '공무원을 그만둔 이유'에 대한 콘텐츠를 보면 많은 공무원들이 5년 이내에 퇴사하고 있는 것을 알 수 있습니다. 2023년에는 6,664명의 공무원이 퇴직했고, 이 중 1년을 채우지 못하고 퇴사한 인원은 1,769명(26.5%)에 이릅니다. 말하자면 이 직업이 제도적으로는 안정적일지 몰라도, 실제로는 전혀 안정적이지 않다는 것을 보여 줍니다. 이 원리는 의사 등 다른 직업에서도 마찬가지인데, 벌어들이는 액수나 안정성 정도의 차이 때문에 깨닫지 못할 뿐입니다. 의사가 되고 나면 세상 부러울 게 없을 거 같지만, 의사 역시 어떤 과, 어떤 병원을 선택할지, 개인병원을 어떤 지역에서 개원할지, 얼마만큼의 대출이 필요한지 등 고민이 끊일 날이 없습니다. 잘 나가는 직업일수록 서로의 비교의식은 더 깊어지게 마련입니다. 이를 두고 '누구에게나 각자의 무덤이 있다'고 하는 것입니다.

시기마다 인기 많은 직종으로 우르르 몰렸다가 섣불리 그만두게 되는 패턴의 원인은 케이브족의 특성에서 찾을 수 있습니다. 대학을 졸업하게 되니 이제 동굴 밖으로 나가야 하는 상황인데, 딱히 진로적으로 성장하지 못했습니다. 따라서 수동적이고 급하게 인기 직종을 선택한 결과, 직무와의 부조화가 발생하게 된 것입니다. 이 문제를 예방하려면 직무를 선택하기 전에 철저한 조사와 직무 적성 확인이 필요했습니다. 그렇지 않으면 실패했을 때 다른 직업으로 옮기더라도 같은 패턴이 반복되고, 이런 좌절이 몇 차례 쌓이게 되면 방 안에 갇힌 은둔형 외톨이가 되거나, 몇 개의 아르바이트를 전전하는 프리터족이 됩니다. 돈이야 적게 벌어도 괜찮을 수 있지만, 더 큰 문제는 자기 자신에 대한 신뢰 상실과 학습된 무기력으로 이어져 모든 인간관계나 삶에 대한 긍정이 사라지게 된다는 것입니다.

위의 예에서 본 것처럼 한때 인기 있던 직종도 몇 가지 조건이 바뀌면 금방 전망이 바뀌게 됩니다. 공무원이 그랬고, 변호사가 그랬습니다. 그렇다면 수 년 이후에 의사라는 직종도 그렇게 될 가능성이 있을 것입니다. 내가 원하는 길은 남들도 원하고, 누구나 불안감을 갖고 있어 정해진 경기장에서 승부하길 원하기 때문에 지금처럼 한 줄로 세우는 기형적인 시합이 형성되었고, 그 길의 위험성을 깨닫지 못하고 있는 것입니다.

예수는 "너희는 좁은 문으로 들어가라. 멸망으로 이끄는 문은 넓고 길도 널찍하여 그리로 들어가는 자들이 많다. 생명으로 이끄는 문은 너무나도 좁고, 그 길이 비좁아서, 그것을 찾는 사람이 적다."고 말했습니다. 진정한 생명의 문은 동굴 밖 세상을 바라보며, 자기만의 길을 찾아 나서는 용기와 유연성에 있습니다. 널찍한 길은 안정적으로 보이기 때문에 많은 사람들이 몰려들지만, 이는 결국 더 큰 병목 현상을 초래하고, 사람들을 더 큰 불안과 혼란 속에 빠뜨리게 됩니다. 우리 아이들은 좁은 문을 두려워하지 않고, 동굴 밖에서 자신만의 길을 개척할 용기와 유연성을 가져야 합니다. 불안정한 상황을 개척하는 운명에 익숙해진다면, 충분히 승리자가 될 수 있습니다.

안정, 외력이냐 내력이냐

드라마 〈나의 아저씨〉에 이런 대사가 나옵니다. "모든 건물은 외력과 내력의 싸움이야. 바람, 하중, 진동. 있을 수 있는 모든 외력을 계산하고 따져서 그거보다 세게 내력을 설계하는 거야. 인생도 어떻게 보면 외력과 내력의 싸움이고. 무슨 일이 있어도 내력이 세면 버티는 거야."

이를 다르게 표현하자면, 건물(인생)이 안정되기 위해 두 가지 방법이 있습니다.

1. 외력(어려움)의 감소
2. 내력의 증가

진로에서 사람들은 대개 첫 번째, 즉 외력을 감소시키는 데에만 집중하는 경향이 있습니다. 내력과 달리 외력은 눈에 보이는 요소이기 때문입니다. 이 때문에 외력의 영향을 덜 받을 수 있는, 안정적인 위치를 중요시하게 됩니다. 좋은 지역, 좋은 학교, 좋은 직장 등 누구나 보기에 좋은 환경을 찾으려 노력합니다. 그러나 누구나 좋은 여건이라 하더라도 당사자가 견디지 못하는 경우가 많습니다. 이는 바로 내력과 외력의 관계 때문입니다. 내력을 중시하지 않는다면, '좋은 지역'이나 '좋은 조건'이라는 개념 자체가 무의미해집니다.

예를 들어 우리 아이를 위해 가장 좋은 학군으로 이사를 했다고 가정해 봅시다. 전반적으로 좋은 환경이겠지만, '재수 없게도' 이상한 선생님이 우리 아이의 담임이 되거나, 이상한 아이가 우리 아이를 괴롭히거나, 그와 친해져서 이상한 행동에 휘말릴 수도 있습니다. 결국 외력(환경)은 우리가 거의 통제할 수 없는 영역입니다. 따라서 우리가 집중해야 할 것은 결국 내력입니다. 어린 왕자가 말했듯이, "가장 중요한 것은 눈에 보이지 않는 법"이니까요.

모든 직업에는 어려움이 따릅니다. 예를 들어, A라는 일자리의 어려움의 정도가 50, B라는 일자리는 100이라고 합시다. 만약 아이의 내력이 50이라면, A에서는 간신히 해낼 수 있지만, B에서는 버티기 어려울 것입니다. 반대로 아이의 내력이 150이라면, A와 B 어디서든 일할 수 있을 뿐만 아니라,

다음 단계의 진로를 준비할 여유까지 생깁니다.

　인생의 안정성을 위해서 외부의 조건에만 의존하기보다는, 내적인 힘을 키우는 것이 궁극적으로 더 중요한 이유입니다. 외부 환경을 완벽하게 통제할 수 없는 만큼, 우리는 내력을 강화해 어떤 외력도 이겨낼 수 있는 힘을 갖추는 데 집중해야 합니다. 한편 부모는 자녀에게 좋은 환경을 마련해 주느라 지나치게 집착하지 말아야 할 것입니다. 수시로 팔을 걷고 나서주는 부모를 보면서 자녀가 학습하는 것은 "내가 이렇게 사랑받는구나"가 아니라 "귀찮은 일은 맡기면 되겠구나"이기 때문입니다. 결국 이렇게 자란 자녀는 온실에서 나가야 할 때 나가지 못하게 되는데, 제때에 나가지 못한 온실은 부모에게나 자녀에게나 끔찍한 지옥이 될 수도 있습니다.

안정은 유연성에 있다

'탄탄대로'는 쭉 뻗은 길을 달리는 것처럼, 앞으로 잘될 것을 의미하는 표현입니다. 1970~90년대의 고속 성장 시대에는 자주 사용되었으나, 요즘에는 거의 들리지 않습니다. 이는 이제 시대가 비포장도로처럼 불규칙하고 변화무쌍해졌기 때문입니다.

탄탄대로의 시대에는 경주차나 스포츠카 같은 인재가 필요했을 것입니다. 안정적이고 매끄럽게 포장된 트랙에서는 질주의 효율성이 우선이었기 때문에, 충격 완화나 브레이크는 덜 중요했습니다. 주어진 일을 효율적으로 해내는 안정적인 인재가 필요했던 것입니다.

하지만 이제는 4차, 5차 산업혁명을 앞둔 시대입니다. 길이 어느 방향으로 꺾일지, 갑자기 움푹 꺼질지, 또는 솟아날지 아무도 모릅니다. 그래서 이제는 매우 뛰어난 브레이크와 충격 완충장치를 갖춘 몬스터 트럭과 같은 인재가 필요합니다. 더 이상 길이 안정적이지 않기 때문에, 속도보다 유연한 안정성이 중요해 진 것입니다.

4차, 5차 산업혁명 시대를 앞두고, 우리 아이들은 없어질 일자리와 새로 생길 일자리에 대한 이야기를 들어왔습니다. 부모 세대가 매끈한 포장도로를 정해진 매뉴얼대로 열심히 달려왔기 때문에, 자녀의 미래에 대한 불안감이 커지는 건 당연한 일입니다. 다만 그 때문에 안정적으로, 남들이 다 하는 선택을 따르는 것이 문제가 되는 것입니다.

좋은 대학교에 가지 말고 의사, 교사, 공무원을 하지 말라는 얘기가 아닙니다. 겉으로는 같은 대학생, 같은 공무원, 같은 회사원으로 보일지라도, 그 속에 어떤 내력과 안목을 갖추고 있는지, 그리고 필요할 때 행동으로 옮길 수 있는지에 따라 결과는 크게 달라집니다. 길이 험난하고 바퀴가 덜컹거릴수록, 바퀴 축은 탄탄하게 고정되어 있어야 합니다. 그런 내력을 아이들에게 갖추게 하는 것이 가장 시급한 일입니다.

바퀴가 정신없이 돌아갈수록, 바퀴 축은 안정되게 고정되어야 합니다. 길이 불안정할수록, 바퀴 축은 유연하게 충격을 흡수해야 합니다. **안정성은 바깥 환경(외력)에 있는 것이 아니라, 내부의 힘(내력)에 있습니다.** 상황이 어떻게

변하든 유연하게 받아들일 수 있는 내력 그 자체가 바로 진정한 안정입니다.

그렇다면 구체적으로 어떤 부분이 우리 아이에게 내력이 될 수 있을까요? 이 부분에 대해서는 다음 장에서 더 깊이 다루게 될 것입니다.

4부
진로 숙성의 기술

진로의 그랜드 투어

앞 장에서 시대의 인재상을 자동차에 비유했는데, 고급차 브랜드들을 보면 대부분 'GT카'를 갖추고 있습니다. GT는 이탈리아어로 그란 투리스모(Gran Turismo), 영어로 그랜드 투어(Grand Tour)의 약자입니다. 먼 거리를 달리기 위한 고성능 차량으로, 파워 트레인, 사륜구동, 넓은 트렁크를 갖춘 고가 모델입니다.

그란 투리스모는 원래 17세기 유럽 상류층 귀족들의 관례에서 나온 표현입니다. 아이들이 사회에 나가기 전에 동행 교사와 함께 장기 여행을 합니다. 이 여행의 목적은 지적·사회적 경험을 쌓는 것이었고, 이를 통해 내력을 강화하는 과정이었습니다. 유명한 지성인들인 토마스 홉스, 존 로크, 애덤 스미스 등이 동행 교사 역할을 했습니다. 이 전통의 원조보는 아리스토텔레스와 알렉산더 대왕의 동행이 거론되기도 합니다.

그란 투리스모에 나서는 아이들의 심정은 어땠을까요? 낯선 환경으로 나가는 상황이 마냥 반갑지는 않았을 것입니다. 당시에도 귀족 자제들은 행실이 단정하지 않은 경우가 많았습니다. 익숙한 친구들과 익숙한 재미를 떠나야 하니 반항도 만만치 않았습니다. 하지만 일단 익숙해지고 나면, 집에서는 경험할 수 없는 새로운 재미와 의미에 눈뜨게 됩니다. 실제로 그란 투리스모를 다녀오고 나서 성숙해지고, 해외에서의 경험을 바탕으로 성공하는 경우가 많았습니다. 이러한 사례를 본 귀족들은 아이가 어렸을 때부터 그란 투리스모를 대비하는 교육을 했습니다. 그중에서도 지도나 문서를 읽는 문해력과 여행에서 얻은 경험을 기록하는 필기에 중점을 두었습니다.

지금 우리 아이들도 비슷한 상황에 있습니다. 익숙한 재미와 익숙한 편안함을 떠나 동굴 밖을 탐험해야 합니다. '진로 투리스모'를 위해서는 어떤 채비가 필요할까요? 그란 투리스모를 참조해서 다음의 세 가지를 꼽을 수 있습니다.

1. 익숙한 재미 떠나기 – 미디어 금식, 새로운 재미 찾기
2. 문해력 향상 프로젝트
3. 호시탐탐 진로 노트

익숙한 재미 떠나기
- 미디어 금식, 새로운 재미 찾기

가장 중요한 전제는 미디어 차단이 진로 탐험에 큰 연관성이 있다는 점입니다. 자녀가 유아기라면 미디어 노출을 최대한 줄이고, 텍스트를 읽으며 여러 가지 재미를 계발하는 것이 좋습니다. 미디어는 블랙홀과 같아서 다른 재미를 빨아들이는 경향이 있기 때문입니다.

물론 미디어 허용에 대한 정책은 가정마다 다릅니다. 미디어를 차단하는 방식도 다양하고, 스스로 조절하도록 전면 허용하는 가정도 있습니다. 또한 아이의 나이에 따라 허용 범위를 조절하기도 합니다. 그러나 객관적인 관점에서 볼 때, 진로 탐험을 위해서는 미디어 차단이 반드시 필요하다는 점은 명확합니다. **진로 성숙도를 올린다는 것은 생산의 과정에 관심을 갖는다는 의미인데, 미디어는 눈앞의 재미를 우선하면서 생산보다 소비에 집중하게 하는 데 최적화되어 있기 때문입니다.**

여기서 말하는 미디어는 스마트폰, 패드, TV, 컴퓨터 등 기기와 게임, SNS, 웹툰, 개인방송, 온라인 커뮤니티, 예능, 드라마 등 다양한 소프트웨어를 포함합니다. 이런 것에 자주 몰입하다 보면 눈앞의 숙제조차도 하기 어려워지니, 가뜩이나 멀게 느껴지는 진로 탐험은 말할 필요도 없을 것입니다.

이데아족은 미디어를 전체적이거나 부분적으로 차단하는 경우가 많습니다. 집의 장소 자체를 미디어에서 안전한 장소로 만드는 방식, 이를 x축적인 접근이라고 합니다. 그러나 미디어를 허용하고 있던 가정이라면, 급진적인 변화가 부담스럽거나 불가능할 수 있습니다. 이럴 때는 부모와 자녀가 함께 미디어 절제의 필요성을 인식하는 것으로 시작하는 것이 좋습니다. 미디어 금식에 대한 자료를 함께 찾아보고, 절제가 없을 때 구체적으로 어떤 문제가 발생하는지를 알아봅니다. 이 과정에서 잔소리나 훈계가 들어간다면 역효과만 날 것입니다. 부모 자신의 미디어 절제와 함께 자녀와 함께 찾아보며 의논하는 자세가 중요합니다. 그런 다음, 예를 들어 저녁 9시 이후로 가족의 모든 미디어를 차단하는 정도부터 시작할 수 있습니다. 이렇게 시간별로 조절하는 방식을 y축적인 접근이라고 합니다.

이러한 방식은 자녀에게 강압적으로 접근하지 않고 함께 변화를 모색하는 것이기 때문에, 미디어 절제가 자연스럽게 이루어질 가능성이 높아집니다. 또한 진로 탐험을 위한 내적인 힘(내력)을 기르는 첫걸음이 될 것입니다.

익숙한 방식 떠나기
- 학원 독립하기

　진로 탐색 활동이 지속적으로 이루어지기 위해서는 학원 의존도를 점차 줄이고 학원으로부터 독립하는 것이 중요합니다. 학원은 기본적으로 부모에게 그 성과를 어필해야 하는 구조를 가지고 있기 때문에, 대부분의 경우 숙제를 많이 내주고, 진도를 빠르게 나가는 방식으로 운영됩니다. 이러한 학원 과제와 학교에서 요구하는 수행 평가나 시험이 끊임없이 이어지는 상황에서, 아이들은 진로에 대해 고민하고 탐색할 시간을 확보하기 어렵습니다.

　아이들은 한정된 시간 속에서 학업 스트레스와 지친 일상에서 틈틈이 놀고 싶어 하며, 이는 자연스러운 욕구입니다. 하지만 학원과 학교의 과제가 너무 많다 보니, 조금이라도 여유가 생기면 당연히 놀고 싶어집니다. 부모 입장에서도 아이가 워낙 할 게 많으니 쉬게 해 주고 싶어집니다. 그러니 아직 멀게 느껴지는 진로 탐색에 투자할 시간이나 에너지가 생길 수가 없습니다. 심지어 급박하게 진로가 결정되어야 할 고3 때도 마찬가지라, 원서를 쓰는 와중에도 지망 학과가 핵핵 바뀌는 코미디가 연출되는 것입니다. 그렇지 않다고 해도 대부분 '첫 번째 선택'에 지나지 않는 낮은 진로 성숙도에서 결정되기 때문에 높은 경쟁률, 낮은 취업률이라는 비효율을 겪게 됩니다.

이러한 구조에서는 아이들이 자신에게 맞는 진로를 충분히 s탐색하고, 필요한 방향으로 성장할 기회를 잃게 됩니다. 그저 수능이라는 일시적 조건에 맞게만 자라갈 뿐입니다. 그마저도 충분치 않아서 씨름이 벌어지느라 진로 탐색 따위는 멀리 내팽겨진지 오래입니다. 이렇게 되면 대학에 들어가고 나서 다시 재수를 한다던가, 졸업하고 나서 또다시 다른 전공으로 입학한다던가, 전공과 전혀 다른 취업교육을 받고서 불리한 취업을 하거나, 아예 취업활동을 멈추게 되는 상황이 벌어집니다.

따라서 진로 탐색이 중요한 위치를 차지하도록 하기 위해서는 학원을 줄이고, 독립적인 진로 탐색 활동을 할 수 있는 시간을 마련해 주는 것이 필요합니다. 물론 학원을 줄인다고 해서 무조건 좋아지는 건 아닙니다. 부모와 함께 유튜브 등을 보고 연구하면서 혼자 공부할 수 있는 방법을 찾고, 자신에게 열심히 적용해 보면서 하나씩 끊어나가는 과정이 필요합니다. 그러다가 꼭 도움이 필요할 때만 단기적으로 과외 등을 선택하는 게 좋습니다. **진로 탐색을 위해서라도 학습의 효율이 좋아져야 하는데, 섣불리 학원을 끊었다가**

아이가 더 놀게 된다 싶으면 더욱 불안해져서 예전보다 더 학원에 의존하게 될 수도 있기 때문입니다. 마치 다이어트로 체중 감량을 한 사람이 지속가능한 방법을 찾지 못해서 심각한 요요현상에 빠지는 패턴과 비슷합니다. 학원을 줄이라는 것은 공부를 덜 하라는 게 아니라, 공부를 더 많이 하고 더 효율적인 흐름이 되어서 진로 탐색을 할 수 있는 시간을 확보하고, 또 진로 탐색은 역으로 학습에 에너지를 공급하는 선순환이 되게 하기 위해서입니다. 케이브족의 마인드로서는 너무나 불안할 수 있지만, 보다 장기적인 시야를 갖추고 이데아족으로서의 마인드셋이 되면 이게 왜 필요한지를 충분히 이해할 수 있을 것입니다.

문해력 향상 프로젝트
- 보는 것이 바로 너다

영어 속담 중에는 "You are what you eat"이라는 표현이 있습니다. 먹는 것이 바로 너라는 뜻으로, 무엇을 먹느냐가 너를 결정한다는 말입니다. 건강한 식재료는 그 자체로 고유한 맛을 가지고 있습니다. 그러나 아이들이 단순당의 단맛에만 중독되어 있다면, 건강한 식재료는 거들떠보지도 않으며, 그 결과 체력은 점점 약해지게 됩니다. 단순당을 절제하면 금단 증상이 올 수 있지만, 그 과정을 지나면 좋은 식재료의 맛을 누리며 건강도 챙길 수 있습니다.

신체의 영양분이 입을 통해 들어간다면, 정신의 영양분은 눈과 귀로 들어갑니다. 무엇을 먹느냐가 우리의 건강 상태를 결정하듯, 정신과 관련해서는 "You are what you see"라고 말할 수 있겠습니다. 즉, **무엇을 보느냐가 나의 정신 상태를 결정하는 것입니다.**

아이들의 정신적 에너지원은 성장하면서 달라집니다. 어릴 때는 재미와 호기심이 가장 중요하지만, 청소년기가 되면 수동적 에너지원과 능동적 에너지원으로 나뉘게 됩니다. 수동적 에너지원은 회피 본능에서 비롯되며, 예를 들어 혼나기 싫어서 숙제를 하는 경우를 들 수 있습니다. 반면, 능동적 에너지원은 바로 '멋'입니다. 아이가 어디에서 멋을 느끼느냐에 따라 큰 차이가 생깁니다. 예를 들어, 아이돌에게서 멋을 느끼면 안무 연습을 하고, 유창한 통역사에게서 멋을 느낀다면 그 언어를 열심히 배우는 것입니다.

따라서 아이가 어떤 콘텐츠에 많이 노출되는가가 매우 중요합니다. 미디어는 대개 자극적인 단맛으로 가득한 단당류와 같습니다. 진로 숙성의 기술에서는 다큐멘터리나 드라마를 통한 진로 조사와 같은 건강한 미디어를 다룰 예정입니다. 하지만 그 전에 **아이가 재미에 배고픈 상태가 되어야 합니다. 그래야 "시장이 반찬이다.(Hunger is the best sauce.)"라는 속담처럼 건강한 재미를 제대로 흡수할 수 있습니다.** 앞서 비유했던 것처럼 재미라는 말이 실력(진로 성숙도)이라는 마차를 끌고 가야 하는데, 다른 미디어를 통해서 재미를 듬뿍 섭취하고 있는 상황은 말하자면 재미라는 말과 진로 성숙도라는 마차의 간격이 너무 멀어져서 제대로 이끌고 갈 수 없는 상태인 것입니다.

비록 금단 증상을 겪더라도, 함께 단순당의 동굴에서 빠져나가도록 합시다. 건강한 맛을 음미하며, 진로 투리스모를 위한 체력을 쌓아가는 것이 중요합니다. 미디어 금식을 통해 새로운 재미를 발견하고, 이를 통해 내적 힘(내력)을 기르는 과정이 아이에게는 필수적인 성장의 단계가 될 것입니다.

문해력은 진로 숙성의 인프라

비우면 채워지는 것이 자연의 원리입니다. 미디어를 절제하면 그 빈 공간에 적절한 콘텐츠를 채워 넣어야 합니다. 어떤 콘텐츠가 적절한지는 각 가정의 상황이나 아이의 성향과 기질에 따라 다르지만, 기본적으로 텍스트를 읽는 문해력 계발이 중점이 되어야 합니다.

아이가 특정 직업이나 직무에서 '멋'을 느끼는 시점은 마치 점화 플러그에 불꽃이 튀고 시동이 걸리는 순간과 같습니다. 진로 투리스모의 길을 떠나기 위해서는 지속적인 연료가 필요한데, 이때 문해력이 핵심적인 역할을 합니다. **동굴 속에서는 진로에 대한 정보가 부족하기 때문에, 스파크가 튈 때마다 스스로 깊이 파고 들어가 정보를 얻을 수 있는 능력이 중요합니다.**

아이들이 주로 영상을 보는 쪽이었다면, 텍스트를 읽도록 유도하는 것은 어려운 일일 수 있습니다. 이때 중요한 것은 재미입니다. 아이가 재미있어

할 만한 텍스트라면, 그 내용이 무엇이든 비판하지 말고 갖다 주어야 합니다. 예를 들어, 게임을 좋아하는 아이라면 그 게임의 종류에 따라 게임 판타지, 전쟁 소설, 또는 라이트 노벨도 괜찮습니다. 글자에 익숙해진 후에는 점차 더 좋은 내용으로 옮겨가는 것이 좋습니다. 이 과정에서도 아이의 동의가 절대적으로 필요합니다. 재미가 없으면 절대 읽지 않으려 하기 때문입니다. 그마저도 평소라면 절대 집어들지 않았을 텐데, 미디어 금식이 진행되고 있으니 이거라도 읽으면서 재미를 찾게 되는 패턴이 되어야 합니다.

재미를 별로 느끼지 못해서 좀처럼 읽으려 하지 않는다면, 옆에서 앞부분을 읽어 주면서 시동을 걸어 주는 방법도 있습니다. 아이가 스스로 읽게 만든다는 것은 참 힘든 일이지만, 지금 이 과정을 거치지 않으면 나중에 더 어려운 상황에 처할 수 있습니다.

만화는 제아무리 학습 만화라고 해도 문해력 훈련에는 적절하지 않습니다. 학습 만화는 단순 지식의 습득에는 유리하지만, 줄글을 읽기 싫어하게 만드는 성향이 있기 때문입니다. 또한 이 모든 과정에서는 미디어가 차단되어 있다는 것을 전제로 합니다. 아이들의 에너지는 물길과 같습니다. **높은 수준의 재미(텍스트)에 물이 담기기 위해서는 아래 수준의 재미(미디어)가 막혀 있어야 합니다.** 물길이 모두 뚫려 있는 상태에서 왜 책을 읽지 않느냐고 한다면, 이는 물에게 왜 위로 흐르지 않느냐고 혼내는 것과 같은 일입니다.

결국, 미디어 절제는 아이들이 높은 수준의 재미와 지적 성장을 경험할 수 있도록 돕는 필수적인 과정입니다. 텍스트를 읽는 능력은 아이들이 진로의 길을 탐험하는 데 필요한 기본적인 내력을 키우는 중요한 도구이며, 이 과정을 통해 아이들은 동굴 밖의 세계를 더 넓고 깊이 탐험할 수 있는 준비를 하게 됩니다.

호시탐탐 진로 노트

중세시대 그란 투리스모에서는 지도 문해력과 함께, 순간적인 필기 기술이 필수였습니다. 지금과 달리 언제든 정보를 검색할 수 있는 시대가 아니었기 때문에, 한 번 놓친 정보가 생존을 좌우할 수 있었습니다. 진로 투리스모에서도 마찬가지입니다. 동굴 안에서는 동굴 밖의 정보가 희귀하기 때문에, 진로와 연관될 수 있는 정보를 포착하고 기록하는 습관을 정착시켜야 합니다.

"진로 사이트에 진로 정보가 얼마나 많은데?"라고 생각할 수 있지만, 중요한 것은 정보의 속성입니다. 정보가 넘치는 세상에서 인연이 없는 정보는 의미가 없습니다. 어린 왕자의 장미가 어린 왕자에게 특별한 의미가 되었던 것처럼, 스스로 모은 정보는 특별한 의미와 에너지를 부여하게 되는 것입니다. "구슬도 꿰어야 보배"라는 속담처럼, 온라인과 오프라인을 통해 얻은 정보를 잘 엮어 내는 과정이 중요합니다. 진로 투리스모를 다니면서 느낌이 오는 순간마다 메모하는 것이 핵심입니다.

1. 구체적인 명칭을 기록하기

기관명, 연구 주제, 사람 이름, 제도 등 구체적인 명칭을 또박또박 써놓도록 합니다. 별 생각 없이 써놓은 이름이 나중에 엄청난 스파크를 일으킬 수 있기 때문입니다.

2. '꼬물꼬물 조사법' 적용하기

"꼬물꼬물"은 "꼬리에 꼬리를 물고"의 줄임말입니다. 느낌이 오는 명칭을 검색하여 관련된 학교, 제도, 교수, 장단점 등을 마인드맵 형식으로 작성합니다. 이 과정을 통해 새로운 정보를 찾아내는 것이 가능합니다. 처음에는 전혀 예상하지 못했던 정보가 나중에 진로를 결정하는 중요한 계기가 되기도 합니다.

3. 블로그, 디지털 기기의 메모 기능 활용하기

블로그나 디지털 기기의 메모 기능을 활용하면 더 효과적입니다. 노트와는 달리 기기를 바꿔도 메모 데이터를 유지할 수 있고, 문서 간 데이터 공유도 가능합니다. 이러한 방식으로 정보를 체계적으로 관리할 수 있습니다.

블로그를 쓸 때는 너무 잘 꾸밀 필요 없이, 담담하게 진로와 관련된 정보를 모아 나갑니다. 갈수록 더 세분화된 정보를 포스팅하면 좋습니다. 이는 나중에 대입이나 취업 면접에서 자신이 일찍부터 이 분야에 진지한 관심이 있었다는 것을 어필하는 데 유용한 도구가 됩니다. 실제로 블로그 포스팅을 통해 관심 분야에 대한 깊은 지식을 쌓을 수 있고, 개인의 소중한 기록물이 되기도 합니다.

4. 진로 정보 사이트 적극 활용하기

진로 정보 사이트를 활용하여 정보를 수집하는 방법입니다. 정보가 너무 많아서 바로 참고하기는 쉽지 않지만, 차근차근 찾아 들어간다면 여러 가지 서비스들이 도움 될 만합니다.

- **꿈길**(http://www.ggoomgil.go.kr): 개인 맞춤 설계가 가능하다는 강점이 있습니다.
- **워크넷**(http://www.work.go.kr): 직업, 진로 정보뿐만 아니라 구직, 구인정보와 대학 학과 정보, 직업심리검사를 제공합니다.

- **커리어넷**(https://www.career.go.kr): 다양한 직업정보와 진로교육자료, 진로심리검사, 진로상담 신청 서비스를 이용할 수 있습니다.
- 지역별 사이트들, 예를 들어 **서울 진로진학 정보센터**(http://www.jinhak.or.kr), **경기도 진로진학 지원센터**(http://jinhak.goedu.kr) 등은 지역 특화된 정보를 제공합니다.

사실, 위에 언급된 진로 사이트 중 하나만 제대로 활용해도, 진로 투리스모의 절반 이상은 커버된다고 할 수 있습니다. 중요한 것은 **이 좋은 정보들을 나만의 진주 꾸러미로 만드는 것입니다. 일상에서 진로를 첫 단추로 꿸 수 있느냐가 성공적인 진로 탐색의 핵심이 될 것입니다.**

따라서, 아이들이 진로 탐험을 떠나기 전 정보를 포착하고 기록하는 능력을 기르는 것은 매우 중요합니다. 이러한 습관은 아이들이 동굴 밖 세상에서 자신만의 길을 개척하는 데 필요한 탄탄한 기초가 될 것입니다.

진로 나이, 차곡차곡 쌓는 방법

'진로 나이'를 쌓는 데 있어 중요한 방법 중 하나는 습관 묶기입니다. 정신 연령, 신체 나이 등 여러 종류의 나이가 존재하는 것처럼, 진로 나이도 존재합니다. 예를 들어, 중학교 1학년인데 수학이 초등학교 3학년 수준이라면, 수학 나이는 초등학교 3학년인 것입니다. 우리나라 청소년들은 신체 연령과 달리 진로 나이가 매우 어리다고 볼 수 있습니다. 진로에서 철이 들어야 한다는 얘기입니다. 수학 공부를 하지 않으면 학년이 올라가도 수학 나이는 늘어나지 않듯이, 신체 나이가 늘어난다고 해서 진로 나이가 자동으로 쌓이는 것은 아닙니다. 특히 수학, 영어 등의 학원 숙제를 우선하게 되면서, 진로라는 첫 단추는 자주 무시당하게 됩니다.

비유하자면, 그릇에 모래, 큰 돌, 작은 돌을 모두 넣으려면 큰 돌, 작은 돌, 모래의 순서대로 넣어야 합니다. 큰 돌이 진로, 작은 돌이 학교나 학원 숙제, 모래가 개인 휴식과 취미라고 한다면, 모래부터 붓는 패턴은 큰 돌이 들어갈 자리를 없애게 만듭니다. 이를 방지하려면 진로가 첫 단추라는 점을 확실히 이해하고, 그 다음으로 '시냅싱(Synapsing)'의 방법을 활용하는 것이 좋습니다.

시냅싱(Synapsing) 기법

시냅싱이란 두 가지 활동이 반복적으로 연결되어 하나의 습관이 되는 현상을 말합니다. 예전에 인기 있던 〈개그콘서트〉의 엔딩 BGM이 들리면 월요일이 연상되어 괴로웠던 것처럼, 우리 두뇌는 시냅스라는 통로를 만들어 이를 기억하고 반응합니다. 자주 반복될수록 시냅스는 더 단순하고 효율적인 통로가 되어, 마치 자동으로 실행되는 일처럼 느껴집니다. 예를 들어, 퇴근할 때 조명을 끄거나 좌회전할 때 좌측 깜빡이를 켜는 것처럼요.

특정 시냅스가 너무 강력하면 새로운 시냅스를 만들어 내기 어려운데, 이를 '중독'이라고 합니다. 반대로, 좋은 습관을 만들고 싶을 때에는 시냅싱 원리가 가장 효과적입니다. 일상 속 반복적인 활동과 새로운 습관을 묶어서 일정 시간 지속하면, 두뇌가 알아서 시냅스를 만들고 이를 지속시키게 됩니다.

진로 투어와 일상 시냅싱하기

첫 번째 방법은 '일상과 연관시키기'입니다. 특정 약을 식후에 복용하게 하는 이유는 잊지 않고 복용하기 위해서입니다. 이와 마찬가지로 자신이 원하는 습관을 일상의 반복적인 활동과 연관시키는 것이 좋습니다. 예를 들어, 진로 노트를 작성하는 습관을 들이기 위해 특정 요일과 연관 짓는 것이 효과적입니다. 토요일이나 일요일에 일어나자마자, 또는 일요일 저녁 식사 후 1시간 정도를 정해 두는 것입니다. 또한, 휴식처럼 자녀가 하고 싶어하는 활동 바로 앞에 진로 노트 작성을 배치하는 것도 좋은 방법입니다.

두 번째는 '경험 기록과 보상'입니다. 진로와 관련된 다양한 경험들을 기록하게 하고, 그 기록에 따른 보상을 제공하는 방식도 효과적입니다. 예를 들어, 새로운 직업에 대한 정보를 조사한 뒤 이를 기록한 경우, 작은 보상을 제공함으로써 동기 부여를 할 수 있습니다.

습관 묶기는 아이들의 진로 나이를 쌓는 데 있어 매우 중요한 역할을 합니다. 큰 돌(진로)을 가장 먼저 넣어야 하는 것처럼, 진로와 관련된 활동을 가장 우선적으로 배치하고, 이를 일상적인 습관으로 만드는 것이 중요합니다. 이러한 과정을 통해 아이들이 진로에 대한 철학을 형성하고, 성공적인 진로 준비를 할 수 있는 기회가 됩니다. 시냅싱 기법을 활용하여 반복적인 일상과 진로 활동을 연관 짓는 것이 진로 나이를 쌓아가는 데 가장 효과적인 방법입니다.

T자형, F자형 진로 성숙도를 길러라

　T자형 인재란 특정 분야에 깊은 전문성을 갖추면서도, 여러 분야에 대해 폭넓은 이해와 지식을 겸비한 인재를 의미합니다. 진로 탐색에서도 이와 유사한 T자형 접근 방식이 필요합니다. 여러 진로를 두루 경험하고 탐색하는 '다몽기(多夢期)'를 거쳐, 특정 분야에 대한 흥미가 발현되는 '스파크' 순간에 그 분야를 깊이 파고드는 방식으로 T자형 진로 성숙도를 이루는 것입니다.

　예를 들어, 아이가 다양한 과학 활동에 참여하며 물리, 화학, 생물학 등을 경험하는 과정에서, 특정 실험에서 특별한 재미를 느끼거나 유전자 편집 기술을 완성한 인물에게서 특별한 멋을 느꼈다고 해 봅시다. 이때가 바로 '스파크'의 순간입니다. 이러한 순간에 부모는 아이의 흥미를 더 깊이 이어나갈 수 있도록, 관련된 책(계독)이나 영상 자료를 제공하여 밀도 높은 학습을 도울 수 있습니다. 예를 들어, 유전자 편집에 관한 다큐멘터리나 교양 프로그램을 함께 시청하고, 관련 서적을 추천해 줌으로써 아이의 흥미가 단순한 호기심에서 깊이 있는 탐구로 이어지게 할 수 있습니다. 또는 아이가 여러 예술 활동을 경험하는 과정에서 무대 디자인에 큰 흥미를 느끼는 순간이 올 수 있습니다. 이때 부모는 무대 디자인과 관련된 전문 자료나 다큐멘터리를 제공하고, 아이가 직접 작은 무대 모형을 만들어 보도록 격려하는 등의 방법으로 아이의 관심이 더 깊어지도록 도울 수 있습니다. 이러한 계기와 밀도 높은 학습을 통해, 아이는 단순한 관심을 넘어서 자신이 목표로 하는 진로에 대한 구체적인 지식과 역량을 키워나가게 됩니다.

T자형 진로 성숙도란 다몽기를 거쳐 여러 진로를 두루 경험하면서 진로의 폭을 넓히고, 스파크가 튄 순간 특정 분야에 깊이 파고드는 방식으로 이루어집니다. 이렇게 진로의 폭과 깊이를 고루 쌓아가다 보면, 아이는 한 분야에만 깊이 있는 T자형 인재에서 나아가 두세 가지 영역에서 전문성을 발휘할 수 있는 'F자형 인재'로도 성장할 수 있습니다. 예를 들어, 처음에는 과학 분야에서 진로를 탐색하던 아이가 유전자 편집 기술에 깊이 빠져들면서 생물학적 전문성을 키우고, 이후 기술의 응용 과정에서 화학이나 데이터 분석에도 깊은 흥미를 가지게 되면서 또 다른 전문성을 쌓아가는 것입니다. 이러한 F자형 인재는 단순히 한 가지에 집중하는 것을 넘어 여러 전문 분야 간의 융합적인 사고와 혁신적인 접근 방식을 통해 다양한 문제를 해결하는 능력을 갖추게 됩니다.

부모는 이러한 과정을 돕기 위해 스파크가 일어나는 순간에 필요한 자료와 환경을 제공함으로써 아이의 흥미가 깊이 있는 탐구로 이어지도록 지원해야 합니다. 이를 통해 아이는 폭넓은 시야를 가지면서도 자신만의 깊이 있는 전문성을 가진 진로를 발견하게 되며, 급변하는 사회에서 유연하고 주체적으로 미래를 설계하는 인재로 성장할 수 있습니다. 이런 방식의 진로 탐색은 다양한 분야와 깊은 지식을 쌓기에 유리하기 때문에, 학교 공부에도 실질적인 힘과 도움이 됩니다.

슈퍼맨의 자세로 딴주머니를 차라

 슈퍼맨이 하늘을 날 때 한 손은 곧게 펴고, 다른 한 손은 구부리고 있는 모습을 흔히 볼 수 있습니다. 이는 비행 중 균형을 잡고, 만약의 상황에 대비하기 위한 포즈로 해석될 수 있습니다. 이처럼 진로 설정에 있어서도 첫 번째 옵션과 두 번째 옵션을 동시에 준비해 두는 것이 매우 중요합니다. 아이들의 취향은 시간이 지나며 변화할 수 있고, 4차 산업혁명 시대에 직업 환경이 빠르게 변화하고 있기 때문에 두 번째 선택, 즉 "딴주머니"를 마련해 두는 것이 필수적입니다.

 예를 들어, 아이가 프로그래밍에 큰 관심을 가지고 개발자가 되기를 꿈꾼다고 가정해 봅시다. 부모는 아이가 소프트웨어 개발자가 되기 위한 길을 적극적으로 지원하고, 프로그래밍 관련 학습을 격려할 수 있습니다. 그러나 아이의 취향이 나중에 바뀌거나 소프트웨어 개발자의 직업 환경이 크게 변할 가능성도 있습니다. 이때 두 번째 선택은 프로그래밍과 관련된 데이터 분석이나 UX/UI 디자인과 같은 분야일 수도 있지만, 반드시 같은 관련 분야일 필요는 없습니다. 예를 들어, 전혀 다른 영역인 심리학이나 경제학 같은 분야도 좋은 대안이 될 수 있습니다. 이렇게 서로 다른 두 가지 선택지를 준비해 둠으로써, 아이는 변화에 유연하게 대응할 수 있고, 다각도로 자신의 역량을 발전시킬 수 있습니다.

또 다른 예로, 아이가 음악에 열정을 가지고 음악가를 꿈꾼다고 가정합시다. 부모는 음악 교육에 전폭적으로 지원하며 아이의 꿈을 응원할 수 있습니다. 그러나 음악계는 경쟁이 치열하고, 직업적 안정성을 보장하기 어려운 경우가 많습니다. 이때 두 번째 선택은 음향 엔지니어링이나 음악 교육처럼 관련된 분야일 수도 있지만, 전혀 다른 영역인 예를 들어 마케팅이나 그래픽 디자인도 좋은 대안이 될 수 있습니다. 이러한 "딴주머니"는 첫 번째 꿈을 이루는 과정에서 실패하거나 생각이 바뀌었을 때 자연스럽게 새로운 진로로 전환할 수 있는 기회를 제공합니다.

4차 산업혁명 시대에는 기술의 발전 속도가 빠르고 직업 환경이 급변합니다. 한 가지 직업만으로 평생을 살아가는 것이 점점 어려워지고 있으며, 다양한 선택을 준비해 두는 것이 중요해졌습니다. 한 가지 직업에만 매달리기보다는, 전혀 다른 두 번째 옵션을 마련해 둠으로써 예상치 못한 변화에도 대비할 수 있는 것이죠. 이는 F자형 인재의 원리와도 부합합니다. F자형 인재는 여러 분야에서 깊이를 갖춘 사람으로, 각기 다른 분야에 전문성을 가지는 것이 현대 사회에서 변화와 불확실성에 대비할 수 있는 큰 강점이 됩니다.

이처럼 진로 설정에서 첫 번째 옵션과 두 번째 옵션을 마련하는 것은 슈퍼맨이 하늘을 날 때 한 손을 곧게 펴고, 다른 손을 구부리고 있는 것과 같습니다. 한 손은 명확한 방향성을 가지고 첫 번째 꿈을 향해 나아가며, 다른 손은 만약의 상황에 대비하는 균형 역할을 하는 것입니다. 전혀 다른 영역의 두 번째 선택을 준비함으로써 아이는 더욱 다각적이고 융합적인 사고를 가진 'F자형 인재'로 성장할 수 있습니다.

첫 번째 선택보다는 두 번째 선택을

진로 설정에서 첫 번째로 선택하고 싶은 길은 종종 남들도 많이 선호하는 넓은 길이기 때문에, 언뜻 보기에는 안전한 선택처럼 보일 수 있습니다. 그러나 이러한 길은 그만큼 경쟁이 치열하고, 안정적인 길이 되기보다는 오히려 위험한 선택이 될 가능성이 높습니다. 따라서 한 발자국 더 들어가서 두 번째 선택을 고민해 보는 것이 중요합니다. 첫 번째 선택이 표면적인 관심이나 대중적인 선호에서 나온 것이라면, 두 번째 선택은 더욱 깊이 있는 탐구와 자신만의 고유한 관점에서 이루어져야 합니다.

예를 들어, 아이가 자동차를 좋아한다고 가정해 봅시다. 아이는 자연스럽게 자동차와 관련된 직업을 떠올리며 자동차공학과를 목표로 설정할 수 있습니다. 그러나 자동차공학과는 많은 학생들이 관심을 가지는 인기 있는 선택이기 때문에 경쟁이 치열하고, 그 안에서도 다루는 분야가 매우 광범위합니다. 따라서 이때 한 발자국 더 들어가 두 번째 선택을 고민해 본다면, 자동차 생산과 관련된 더 세부적인 분야를 탐색하는 것이 좋습니다. 예를 들어, 전기자동차 배터리 기술, 차량용 전자 제어 시스템, 또는 자동차 경량화 소재 개발과 같은 세부 분야를 선택하는 것입니다. 이렇게 자동차라는 관심에서 출발해 생산 과정에 더 가까운 세부 분야를 탐구하는 두 번째 선택을 준비하는 것은 경쟁에서 우위를 점하는 큰 이점이 될 수 있습니다.

다른 구체적인 예를 들어보면 다음과 같습니다.

1. 의료 분야에 관심이 있는 경우

첫 번째 선택: 의사가 되는 것

의사라는 직업은 많은 학생들이 선호하는 넓은 길입니다. 많은 사람들이 의사가 되고 싶어 하며, 이는 사회적으로 높은 안정성과 인정받는 직업이기 때문입니다. 하지만 그만큼 경쟁이 치열하고, 원하는 전공에 진학하는 것도 쉽지 않은 도전이 될 수 있습니다.

두 번째 선택: 의학 분야의 다른 직업 탐색

이때 두 번째 선택으로는 의사 외에도 보건 분야의 다양한 직업을 탐색해 볼 수 있습니다. 예를 들어 의료 인공지능 연구원, 생명과학 연구자, 의료기기 개발자와 같은 직업을 고려할 수 있습니다. 특히 의료기기 개발과 같은 생산자적 역할은 의료 현장과 기술을 융합하는 일로, 의료계에서 중요한 역할을 합니다. 이렇게 깊이 파고든 두 번째 선택을 준비함으로써 의료 분야의 발전을 이끄는 역할을 할 수 있게 됩니다.

2. 예술 분야에 관심이 있는 경우

첫 번째 선택: 화가나 예술가가 되는 것

많은 학생들이 예술 분야에 흥미를 느끼고, 창작 활동을 직업으로 삼는 것을 꿈꿉니다. 그러나 예술가는 안정적인 수입을 보장받기 어렵고, 경쟁이 치열해 자신만의 작품 세계를 인정받기까지 오랜 시간이 걸릴 수 있습니다.

두 번째 선택: 예술과 관련된 다른 분야 탐색

두 번째 선택으로 예술 치료사, 예술품 사업가, 또는 전시 기획자에서 더 나아가 게임 디자이너로도 넓혀서 고려할 수 있습니다. 예술 치료사는 예술의 치유적 특성을 활용하여 사람들을 돕는 일을 하며, 예술품 사업가는 갤러리나 예술 기관을 운영하거나 전시 기획을 통해 예술과 경영을 접목시킵니다. 이렇게 예술의 소비자적 입장에서 벗어나 예술의 가치를 사회에 제공하는 생산자적 관점으로 진로를 설정하면, 예술에 대한 열정을 사회적으로 기여하는 방식으로 구체화할 수 있습니다.

3. IT와 게임에 관심이 있는 경우

첫 번째 선택: 게임 개발자가 되는 것

게임을 좋아하는 학생이라면 게임 개발자가 되고 싶어 할 수 있습니다. 이는 많은 학생들이 선호하는 진로 중 하나로, 흥미로운 직업이지만 높은 경쟁률과 함께 기술적으로도 끊임없이 발전해야 하는 분야입니다.

두 번째 선택: IT 분야에서의 다양한 역할 탐색

두 번째 선택으로 게임 UX/UI 디자이너, 게임화(Gamification) 전문가, 또는 게임 데이터 분석가와 같은 직업을 생각해 볼 수 있습니다. 게임 UX/UI 디자이너는 게임을 더 사용자 친화적으로 만드는 역할을 하며, 게임화 전문가는 게임 메커니즘을 교육, 마케팅, 의료 등 다양한 분야에 접목시켜 새로운 가치를 창출합니다. 이러한 직업은 단순히 게임을 즐기는 소비자적 관점에서 벗어나 게임을 만드는 생산자적 역할로 깊이 파고드는 선택이 되어, 해당 분야에서 차별화된 경쟁력을 가질 수 있습니다.

4. 환경 보호에 관심이 있는 경우

첫 번째 선택: 환경 운동가가 되는 것

환경 보호에 관심이 많은 학생이라면 환경 운동가나 NGO에서 일하는 것을 목표로 할 수 있습니다. 이는 사회적 의미가 큰 직업이지만, 이 역시 많은 사람들의 공감을 필요로 하며 재정적 안정성을 확보하기 어려울 수 있습니다.

두 번째 선택: 환경 관련 기술 또는 연구 분야 탐색

두 번째 선택으로 환경 공학자, 재생 에너지 연구자, 환경 컨설턴트 등을 생각할 수 있습니다. 환경 공학자는 오염 물질을 줄이고 자원을 효율적으로 사용하는 기술을 개발하며, 재생 에너지 연구자는 지속 가능한 에너지원 개발을 연구합니다. 이러한 생산자적 관점에서의 진로 설정은 환경 문제를 직접적으로 해결할 수 있는 기술적 역량을 쌓아 진로 성숙도를 높이는 선택이 될 것입니다.

아이들의 첫 번째 선택은 흔히 소비자적 관점에 머무르기 쉽습니다. 자동차를 좋아한다는 것 역시 자동차를 타고 즐기는 소비자적 경험에서 출발한 것입니다. 그러나 **진로 성숙도를 높이기 위해서는 소비자의 입장에서 한 단계 더 나아가, 생산자적 입장이 되어 보는 것이 필요합니다.** 다시 말해, 자동차라는 제품을 소비하는 것에서 그치지 않고, 그 자동차가 어떻게 만들어지는지, 그 과정에서 어떤 기술과 전문성이 필요한지를 탐구하는 것입니다.

따라서 첫 번째 선택은 대중적이고 넓은 길이지만 위험 요소가 따를 수 있음을 인식하고, 두 번째 선택으로 들어가 보다 깊이 있는 관점에서 탐구할 필요가 있습니다. 이때 소비자적 입장에서 벗어나 생산자적 입장으로 전환하는 것이 진로 성숙도에 큰 도움이 됩니다. 이러한 방식으로 아이는 자신의 흥미를 바탕으로 하되, 더 구체적이고 전략적인 방향을 설정함으로써 미래의 변화와 경쟁 속에서도 유리한 위치를 차지할 수 있습니다.

5부

호시탐탐
내 아이 진로 투어

박람회로 진로 투어를

실제로 만져봐야 힘을 발휘한다

1990년대 루마니아의 독재자 차우셰스쿠의 강제 출산 정책으로 인해 수백 명의 아기들이 고아원에 입소하게 되었습니다. 그러나 돌볼 인력이 턱없이 부족했던 탓에 이 아기들을 단순히 생존시키는 것이 최선이었습니다. 한 명씩 안아 줄 여유조차 없어 침대에 우유병을 꽂아 놓고 먹게 하였고, 이로 인해 아기들은 촉각을 발달시킬 기회가 매우 제한되었습니다. 이렇게 2년 동안 자란 아이들은 발달이 유난히 더디다는 것을 보여 주었으며, 만성 스트레스 호르몬인 코티솔의 수치도 비정상적으로 높았습니다. **이는 촉각 자극이 아이들의 발달에 얼마나 중요한지를 보여 줍니다.**

촉각 자극은 정서적 발달뿐 아니라 뇌 전체의 발달에도 큰 영향을 미칩니다. 아기가 태어날 때는 신경세포의 수상돌기 가지가 한두 개에 불과하지만, 성장하면서 오감을 활용한 경험이 쌓이면 수상돌기의 가지가 증가합니다. 특히 촉각 자극이 활발할수록 수상돌기의 발달이 뚜렷하여, 피부를 '제2의 두뇌'라고 부르기도 합니다. 이러한 이유로 유아 교육에서는 아기들이 다양한 물체를 만지고 느낄 수 있도록 하는 활동을 많이 도입하고 있습니다. 이 작용은 청소년이나 성인에게도 마찬가지로 유효하며, 손가락 운동이 치매 예방에 효과적인 이유도 바로 이러한 맥락에 있습니다.

'케이브족' 아이들은 동굴 밖 활동이 적어 실물을 만지는 촉각적 경험보다 화면을 터치하는 일이 더 많습니다. 이는 두뇌 발달 측면에서 문제일 뿐 아니라, 진로에 대해서도 동일한 문제가 발생합니다. 학교에서 제공되는 진로교육에서 산업 생태계에 대한 정보가 나온다 해도, 아이들은 그저 화면을 통해 '쳐다볼' 뿐이므로 효과가 미미합니다. 학원에서는 진로 자체에 대한 논의조차 없이 모든 활동이 성적과 대학 입시에만 집중되어 있습니다. 이러한 '동굴' 같은 환경에서 대학에 의미를 찾지 못하는 아이들은 결국 문제아로 간주될 수밖에 없습니다. 사실은 동굴이라는 환경이 제대로 된 발전을 막고 있는데 말이지요.

누군가 추상적이고 모호하게 이야기할 때 "뜬구름 잡는 소리"라고 표현합니다. 우리 아이들은 벽에 비친 그림자, 혹은 패드 위의 뜬구름을 잡고 있을 뿐입니다. 특히 진로 분야에서 더욱 그렇습니다. 촉각을 통한 진로의 성숙은 다양한 경험에서 비롯되는데, 학교와 학원을 오가는 아이들의 경험은 항상 비슷하고 반복적입니다. 좁은 문을 선택하는 용기는 남다른 시야에서 비롯되는데, 동일한 콘텐츠 화면만을 보는 아이들의 시야 역시 제한될 수밖에 없습니다. 구체적으로 만지고 느낄 수 있는 경험을 통해서만 아이들의 반복되는 일상에 구체적이고 실질적인 힘이 될 수 있습니다.

어차피 놀러 다닐 거, 진로를 숙성시키자

가족의 문화를 진로와 연결한다면, 이러한 구체적인 경험을 쉽게 확보할 수 있습니다. 물론 아이를 키우다 보면 놓칠 수 없는 순간들이 있습니다. 이

조그맣고 사랑스러운 얼굴과 함께 가고 싶은 곳이 얼마나 많은지 모릅니다. 더불어 부모들이 SNS를 많이 이용하면서, 예쁜 펜션, 리조트, 호텔, 캠핑장, 맛집, 카페 등의 사진들이 넘쳐나고, 이러한 경험들은 보기만 해도 흐뭇합니다. 이러한 다양한 경험은 아이들의 촉각 지능에도 큰 영향을 미칠 것입니다. 다만 **어느 순간부터는 단순히 아름다운 장소가 아닌, 구체적이고 뾰족한 진로의 여정을 시작하는 것이 필요합니다.** 아이가 독립할 시기, 즉 동굴 밖으로 나갈 때는 반드시 다가오며, 그 시기에 아이가 준비되어 있는 정도가 가족 전체의 행복을 좌우할 것입니다. 그렇다고 해서 아이가 어린 이 소중한 시기를 놓치는 것도 억울한 일입니다. 현재를 행복하게 보내는 것도 중요하기에, 지금 이 순간을 X, 아이가 궁극적으로 독립할 시기를 Y라고 하고, 지금 떠나는 여행의 궤적을 XY에 맞추어 그리면, 행복을 챙기면서도 진로를 대비하는 일거양득의 효과를 거둘 수 있습니다.

이러한 필요를 충족시키기 위해, 아이들이 다양한 직업을 체험할 수 있도록 만든 테마파크들이 존재합니다. 가까운 곳에 사는 가정이라면 한 번쯤 다녀왔을 것입니다. 하지만 이러한 경험은 잠깐의 흐뭇함을 줄 뿐, 객관적으로 보았을 때 진로를 숙성시키는 효과는 없습니다.

초등학교 3학년 이전에 문해력을 길렀다면, 이제부터는 본격적인 진로 여행을 시작해야 할 시기입니다. 구체적으로는 정기적으로 박람회를 찾아가는 것이 좋습니다. 전국적으로 다양한 박람회가 수시로 열리고 있으며,

수도권의 경우 코엑스, AT센터, 킨텍스 같은 전시장을 들 수 있습니다. 그 외에도 대전, 부산, 광주 등에서 양질의 박람회가 열리고 있습니다. 당일치기로 다녀오거나, 거리가 있다면 1박 2일 여행으로 일정을 짜는 것도 좋은 방법입니다. 첫 단추를 박람회 관람으로 놓고, 나머지 시간은 그 주변을 둘러보며 즐기는 식입니다.

박람회에서는 관련 기업들이 생각지도 못할 정도로 다양한 상품을 출품하고 있습니다. 지금 검색해 봐도 환경, 미용, 소비재, 교육장비, 광학, 나노기술, 가정용품, 치과용품, 건축, 농업기술, 심지어 결혼과 아기 박람회 등 그 종류는 끝이 없습니다. 아이의 관심사와 관련된 박람회는 물론, 전혀 모르는 분야라도 참여해 보는 것이 좋습니다. 평소에 미디어 사용을 적절히 통제하고 문해력을 갖춘 아이라면 더욱 금상첨화입니다. 마치 불꽃이 기름 위에서 튈 준비가 되어 있는 상태와 같아 언제든지 진로의 스파크가 일어날 수 있기 때문입니다. 게다가 박람회의 목적이 홍보이기 때문에, 스태프에게 질문만 해도 매우 상세하게 설명을 들을 수 있습니다. 이러한 알짜 교육 기회가, 별도 비용 없이 제공되는 것은 진정한 '진로의 광산'이라 할 수 있습니다.

여행을 다녀오면서 아이와 박람회에서 본 이야기들을 나누고, 아이가 특별히 관심을 보이는 부분이 있다면 이를 '계독'으로 연결해 보세요. 아이가 흥미를 가질 만한 책을 찾아 슬그머니 옆에 두는 것입니다. 만약 잘 읽으려

하지 않는다면 처음 몇 장을 함께 읽어 주면서 시작을 도와주는 것도 효과적입니다. "우리 아이는 이미 커서 이런 걸 할 수 없겠지"라고 생각하지 마십시오. 중학생, 고등학생, 심지어 대학생이라 하더라도 부모의 음성으로 인식하는 세상은 각별합니다. 다만, 잔소리나 강압적인 태도를 절대 취하지 말고 친구처럼 함께 호기심을 가지고 살펴보는 것이 좋습니다. 다만 이 방법은 앞서 언급했던 미디어 조절이 효과적으로 이루어졌을 때 효과가 있습니다. 더 자극적인 미디어, 소비하기 쉬운 미디어가 가까이 있는 상황에서는 굳이 낯선 생산의 세계로 들어가고 싶지 않으니까요.

이 과정에서 부수적으로 얻게 되는 효과는 아이가 아니라 오히려 부모의 성장입니다. 아이를 위해 다양한 분야를 탐색하면서 부모 자신도 미처 알지 못했던 새로운 세상을 접하게 되는 것입니다. 부모가 사업적인 수완이 있다면, 오히려 부모에게 스파크가 일어나 사업의 기회로 이어질 수도 있습니다. 물론 이 과정을 지켜본 자녀에게도 큰 의미가 될 것입니다. 이러한 경험은 수업 시간에 단순히 화면으로 보는 진로 수업과는 비교할 수 없는 가치를 지닙니다.

박람회 정보를 수시로 확인하고 싶다면 KOTRA에서 제공하는 **글로벌 전시 포털**(www.gep.or.kr/gept/ovrss)과 같은 사이트를 통해 박람회 전시 정보를 확인할 수 있습니다.

석유 유전을 발견하면 부자가 됩니다. 누가 유전을 갖게 될까요? 여기저기 탐사하며 수많은 시행착오 끝에 유전을 발견하고, 그것을 추출할 기술을 가진 자가 주인이 됩니다. 여기에 박람회라는 '진로 유전'이 있습니다. 시행착오 끝에 아이의 진로를 찾아내고, 그것을 추출할 기술(미디어 절제와 문해력)을 갖춘 가정이 주인이 됩니다. 설령 아무것도 발견하지 못하더라도 박람회를 돌아다니는 것 자체가 즐거운 여행이 될 것입니다.

실감을 느껴야 진로 설정이 쉬워진다

그리스 신화 속에서 아프로디테는 누구보다도 아름다운 여신이었습니다. 하지만 어느 날 보니 아프로디테 신전이 텅텅 비었는데 사람들이 프쉬케를 보러 갔기 때문이었습니다, 이에 질투를 느낀 아프로디테가 아들 에로스를 시켜 프쉬케에게 금화살을 쏘라고 하면서 에로스와 프쉬케의 이야기가 펼쳐집니다. 사람들은 왜 아프로디테보다 프쉬케를 보러 갔을까요? 비록 아프로디테의 아름다움이 절대적이었다 할지라도, 그녀는 신화 속 관념적이고 먼 존재로 느껴졌습니다. 반면 프쉬케는 인간적이고 실감 나는 존재였기에 사람들의 마음을 더욱 사로잡을 수 있었던 것입니다. 이와 같이, 우리가 어떤 것을 실감할 때 더 큰 관심과 흥미를 가지게 되며, 진로 설정 또한 마찬가지로 실제적 경험이 중요합니다. 실제 인물을 만나서 공명(resonance)의 체험을 해야 합니다.

모든 물체는 고유 진동수(주파수)를 가지고 있습니다. 멈춰 있는 것처럼 보여도, 그 안의 분자들이 끊임없이 진동하고 있기 때문입니다. 바람, 음파 등 여러 가지 외력(外力)이 발생할 때, 같은 진동수를 만나게 되면 물체의 진동폭이 크게 증가하는데 이게 공명 현상입니다. 말하자면 외력과 내력의 융합이지요. 외력이 세다고 해서 반드시 공명 현상이 일어나지는 않습니다. 세탁기를 탈수시킬 때, 고속으로 움직일 때는 진동이 적지만 천천히 돌면서 멈추기 직전이 될수록 진동이 커지는 걸 볼 수 있습니다. 세탁기의 고유 진동수가 회전이 느릴 때 진동수와 일치해서 공명 현상이 일어나기 때문입니다. 사람도 언제 어떤 자극이 자신 안의 진동수와 일치할지 알 수 없는 일입니다. 강한 자극이라서 반응하게 되는 것도 아니고, 약한 자극이라서 반응이 일어나지 않는 것도 아닙니다. 각자 그동안 쌓아 온 주파수가 일치하게 되는 순간은 미리 알 수 없지만, 확실한 건 여러 가지 진동수와 만날 수 있도록 실감나는 경험을 자주 해야 한다는 것입니다. 이 경험이 살아 숨쉬는 프쉬케처럼 구체적이고 현실적일수록 공명 효과가 더욱 강하게 발생하고, 이 에너지는 진로뿐 아니라 눈앞의 학습에도 엄청난 힘이 될 것입니다.

인터뷰로 진로 투어를

호시탐탐 사람 만나기

목표로 하는 진로와 관련된 사람을 직접 만나는 것은 진로 설정에 있어 강력한 공명을 일으키는 요소입니다. 공명 현상에서 특정 물체의 진동이 주변의 물체들에게 영향을 미치듯이, 직접 경험하고 실제 인물을 만날 때 그들의 열정과 에너지가 우리에게도 전해져 공명하게 됩니다. 이러한 경험은 단순히 책이나 화면을 통해 보는 것과는 차원이 다릅니다.

예를 들어, 반도체 엔지니어를 목표로 하는 학생이 있다고 가정해 봅시다. 그 학생이 단지 반도체 기술에 대한 책을 읽거나 영상 강의를 통해 이론을 배우는 것만으로도 지식은 쌓일 수 있지만, 실제 반도체 회사의 엔지니어와 만나 그들의 경험을 듣고, 반도체 생산 공정을 눈앞에서 보는 경험을 하게 된다면 어떨까요? 클린룸에서의 엄격한 절차, 미세한 공정을 다루는 엔지니어들의 전문성, 그리고 반도체 산업이 요구하는 집중력과 혁신을 직접 체험한다면 그 경험은 훨씬 더 강력한 공명으로 다가오게 됩니다. 물론 학생 입장에서 현장을 여러 번 경험하기란 어려운 일입니다. 그렇기 때문에 전/현직에 종사했던 분과 만나고 자주 연락하는 기회를 갖는 게 중요합니다. 이러한 만남은 단순한 정보 이상의 것을 전달하며, 학생의 내면에 공명을 일으켜 반도체 산업에 대한 열정과 목표를 더욱 확고하게 만들어 줍니다. 물론, 그분이 충분히 동기부여 될 수 있도록 예의 바르게 제안하고, 구체적인 질문을 준비하며 적절한 감사의 표현이 동반되어야겠지요.

실제로 시험 준비를 하는 경우에도 마찬가지입니다. 많은 연구 결과에 따르면, 특정 시험의 합격자를 미리 만나서 그들의 경험과 조언을 들은 사람들이 합격할 확률이 훨씬 높다는 사실이 밝혀졌습니다. 합격자와의 만남을 통해 시험 준비 과정에서 필요한 실제적 조언, 그들이 겪었던 어려움과 이를 극복한 방법 등을 직접 듣게 되면, 그 정보는 단순한 교재의 내용보다 훨씬 더 현실적이고 생생하게 다가옵니다. 이는 목표를 이루기 위한 길을 더 명확하게 해 주며, 막연한 두려움을 자신감으로 바꿀 수 있는 원동력이 됩니다.

때로는 관계의 홈런을 쳐야 한다

아이들은 대부분 연락처를 묻거나, 인터뷰를 요청하는 등 적극적인 시도를 하기가 어렵습니다. 따라서 때로는 부모나 주변 어른이 나서서 도와줄 필요가 있고, 아이가 시도하게 되면 적절한 보상을 내줌으로써 동기 부여를 해 주는 게 좋습니다. 이런 방법을 진로교육에서는 '물길을 내준다'고 표현합니다. 물길을 내줄 때는 힘이 들지만, 일단 한번 길이 잘 나게 되면 아주 좋은 흐름을 만들어 낼 수 있게 됩니다. 진로에 있어서도 이런 길이 잘 나게 된다면, 아이들은 눈앞의 자극적인 재미를 조절하면서 장기적인 시야를 좇을 수 있는 길을 따라가게 되는 것입니다.

인간 관계는 보통 점진적으로 발전하게 됩니다. 야구에 비유하자면 주자가 1루, 2루, 3루를 돌아서 홈에 들어오는 원리와 같습니다. 하지만 때로는 2~3루타나 홈런이 필요한 법입니다. 박람회나 전시회에서 만난 작가, 현직 업자에게 연락처를 얻고, 이어지는 만남의 기회를 얻는 건 일반적인 관계의 흐름에서는 쉽지 않은 일입니다. 하지만 또 천천히 점진적으로 발전할 수 있는 기회는 거의 없습니다. 따라서 아이와 부모가 적극성을 발휘해서 전/현직에 관계자와 연결 고리를 만들어 낼 필요가 있습니다. 외향적인 부모나 아이가 더 유리한 부분이긴 하지만, 진로 활동의 중요성과 그 안에서 공명의 필요성을 깊이 깨닫기만 한다면, 내향적인 부모나 아이도 충분히 확장력을 발휘할 수 있습니다. 내향적인 사람의 경우 상대방의 입장을 지나치게 고려해서 적극성을 발휘하지 못하는 경우가 많은데, 전/현직의 관계자는 생각보다 이런 만남을 환영하는 경우가 많습니다. 내가 가진 노하우로 누군가에게 기여한다는 것이 큰 의미가 되기도 하고, 일반적으로 관심을 받기 어려운 진로(즉 대부분 학생들이 알지 못하는, 진로 성숙도가 올라가야만 관심을 가질 수 있는 직무)일수록 이런 적극적인 관심이 더욱 반가운 법입니다. 게다가 진지한 관심을 지닌 어린 학생이라면 더욱 큰 의미를 느끼게 될 것입니다. 설령 이런 시도가 한두 번 실패한다고 해도, 나중에 뒤돌아가게 되면 적절한 진로를 찾아가는 데 여러 의미부여가 되었던 시도였다는 걸 깨닫게 될 것입니다.

같은 얘기라도 쓰리 쿠션이 필요하다

부모가 아무리 좋은 조언을 해도, 아이들에게는 그 말이 제대로 전달되지 않는 경우가 많습니다. 이는 마치 라디오 주파수가 맞지 않는 것과 같습니다. 부모와 자식 간에는 세대 차이, 경험의 차이로 인해 서로의 주파수가 맞지 않아 메시지가 곧바로 수신되지 않는 것이죠. 따라서 같은 이야기라도 부모가 직접 전하는 것보다는 아이가 주파수를 맞출 수 있는 위치에 있는 사람에게 들어야 그 효과가 극대화됩니다.

예를 들어, 부모가 "열심히 공부해서 좋은 대학에 가는 것이 중요하다"라는 말을 아무리 해도 아이는 이를 흘려듣기 쉽습니다. 그러나 명문대를 다니는 친척이나 선배, 또는 아이가 좋아하는 유명 유튜버가 직접 그 경험을 이야기하면, 아이는 그 말을 더 귀 기울여 듣고, 그들의 말에 대한 신뢰도가 높아집니다. 이는 그들이 이미 자신이 가고자 하는 길을 걷고 있거나 성취한 사람이고 따라서 아이가 이미 주파수를 맞추고 있는 대상이라 말의 무게가 다르게 느껴지기 때문입니다. 설령 극장의 우상과 같은 사람일지라도, 명문대를 다니거나 사회적으로 인정받는 위치에 있는 사람이 말할 때 아이들은 쉽게 동기부여를 받습니다.

이러한 효과를 우리는 "쓰리쿠션 효과"라고 부릅니다. 당구에서 목표 구슬에 직접 맞히기 어려울 때, 쓰리쿠션을 통해 벽을 맞고 돌아서 목표를 맞히는 것이 훨씬 효과적일 수 있습니다. 마찬가지로 부모가 아이에게 직접적으로 메시지를 전달하려는 시도는, 오히려 반발심을 일으키거나 효과가 미미할 수 있습니다. 반면, 부모가 아니라 아이가 존경하거나 닮고 싶어 하는 사람을 통해 그 메시지를 전달받는다면, 마치 쓰리쿠션처럼 돌아서 정확히 목표에 도달하는 것입니다.

따라서 부모의 역할은 당구의 쓰리쿠션처럼, 아이가 주파수를 맞출 만한 사람과의 연결고리를 찾아 주는 것입니다. 그렇다고 무턱대고 명문대를 다니는 친척을 만나게 하는 방식은 좋지 않습니다. 친척이 아니라 전혀 다른 사람, 그리고 성적이나 대학보다 진로와 관련된 사람을 연결시켜야 합니다. 그 과정에서 좋은 대학에 다니는 사람이 있고 아이가 그 부분에서 스파크를 일으킬 수도 있습니다만, 어쨌거나 연결시키는 의도는 진로에 있어야 한다는 말입니다. 이런 쓰리쿠션 방식으로 메시지를 전달하면, 아이가 자신의 목표와 진로를 설정하는 데 있어 훨씬 더 큰 영향을 받을 수 있습니다. 이를 통해 아이는 단순히 "부모가 하니까 하는 말"이 아니라, 자신의 롤모델과 같은 위치에 있는 사람이 주는 진정한 조언으로 받아들일 수 있게 되는 것입니다.

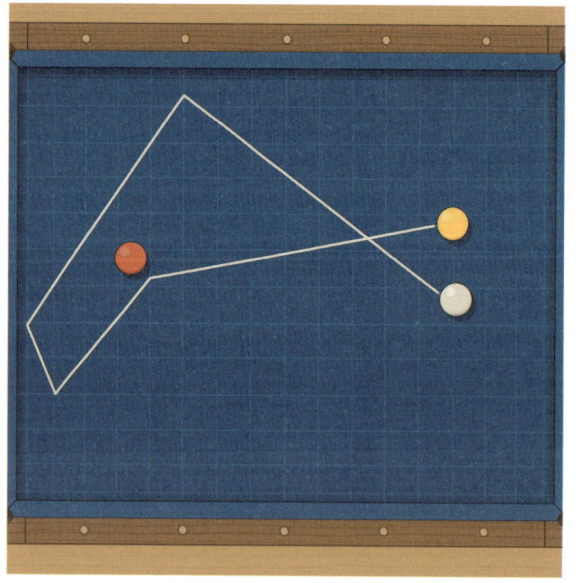

주변 인물과 함께 진로 투어를

그란 투리스모(Gran Turismo)는 말 그대로 "거대한 여행"을 의미합니다. 따라서 귀족 자녀에게 첫 여행으로는 적절하지 않으며, 이에 앞서 예행연습으로 인근 마을을 다녀오게 했습니다. 길을 모를 때는 마을 사람들에게 물어보며, 지도를 읽는 능력을 키우는 실전 연습입니다. 이렇게 길러진 감각은 낯선 지역에서도 발휘될 수 있을 것입니다.

진로 탐색에서도 마찬가지입니다. 직무의 세계는 매우 거대하며, 새로운 직업이 생겨나고 없어지기를 반복합니다. 따라서 청소년들이 이를 쉽게 파악하기 어렵습니다. 이러한 상황에서 "인터넷에서 찾아봐"라는 말은 쉽지만, 인터넷은 겉으로는 투명해 보이나, 정보가 너무 많아 오히려 파악하기 어려운 특성을 가지고 있습니다. 이를 미디어학에서는 '투명성 뒤의 불투명성(opacity behind transparency)'이라고 합니다. 마치 처음 방문한 마을에 길이 너무 많아 길을 구분하기 어려운 것과 같습니다.

이럴 때 아이들은 익숙한 길만 선택하려고 합니다. 어릴 때부터 학교와 학원 위주로 다닌 아이들에게 가장 익숙한 직업은 교사입니다. 병원을 자주 다녔다면 간호사가 익숙할 것입니다.(의사는 선호도가 높지만, 성적 때문에 지원하지 못하는 경우가 많습니다.) 군인과 공무원도 낯설지 않고, '안정적'

이라는 이미지 때문에 선호되곤 합니다. 그 결과, 고등학생들이 희망하는 직업을 조사해 보면 교사, 간호사, 군인, 공무원이 항상 상위권을 차지합니다. 모두에게 익숙한 길이기 때문에 경쟁이 치열해지고, 결국 "위험한 넓은 길"이 되는 것입니다.

아이들에게 다양한 방법을 가르치지 않고, 충분한 경험도 제공하지 않은 상태에서 갑자기 "너의 꿈이 뭐냐?"고 묻습니다. 꿈이 없으면 무개념인 것처럼 느껴지니, 아이들은 들어본 직업 중 적당히 괜찮아 보이는 직업으로 대답합니다. 이렇게 익숙함에 안주하려는 마음을 아이들은 "꿈"이라고 포장하는 경향이 있습니다. 따라서 섣불리 꿈을 요구하기보다는, 낯선 길을 경험하고 지도를 확장하는 기술을 길러주어야 합니다.

낯선 길이 서투르다면, 먼저 가까운 곳부터 탐방하는 것이 좋습니다. 진로에서의 '옆 마을'은 무엇일까요? 아이 주변에는 여러 직업군이 존재합니다. 부모님의 직업, 부모님 친구들의 직업, 친척들의 직업 등이 그 예입니다. 이들은 모두 각 분야의 내부자들로서, 인터넷에는 없는 정보나 체감하기 어려운 상황을 맥락 속에서 설명해 줄 수 있습니다. 학교에서 진로 행사를 통해 특정 직업에 종사하는 사람들이 강의하고 질문을 받기도 하지만, 횟수가 부족하고 다양성에 한계가 있으며, 단체로 진행되기 때문에 개인적인 궁금증을 해소하기 어려운 경우가 많습니다. 이러한 이유로, 주변인을 통한 진로 탐색이 중요합니다.

　주변에 원하는 직업군이 없을 수도 있고, 당사자가 자신의 직업에 만족하지 않을 수도 있습니다. 그럴 때는 꼭 주변에서 시작할 필요는 없습니다. 다만, 누군가를 인터뷰하며 진로 성숙도를 높여가는 아이디어는 지속적으로 염두에 두는 것이 좋습니다. 언제 우연히 그 분야의 전문가를 만날지 모르며, 준비된 사람만이 중요한 정보를 얻을 수 있기 때문입니다. 예를 들어, 2차 전지에 관심이 있던 학생이 학교 수업 시간에 선생님이 LG 에너지솔루션(당시 LG화학) 배터리 분야에서 일하는 친척을 언급한 것을 계기로, 선생님에게 연락처를 물어보고 남양주에서 대전까지 가서 인터뷰한 사례가 있습니다. 이 학생이 특별히 외향적이어서 이런 행동을 할 수 있었던 것은 아닙니다. 보통은 지망 학과(이 경우 화학공학, 신소재공학, 재료공학과)만 정해도 진로 성숙도가 높다고 하는데, 이 학생은 그 안에서도 2차 전지로 좁혀 매우 구체적인 정보를 얻고자 했던 것입니다. 이처럼 준비된 상태에서 기회를 맞이하면, 즉각적으로 반응할 수 있습니다. 우리 아이들도 이렇게 자신의 진로를 호시탐탐 탐색하는, 호랑이와 같은 기상을 가진 인재로 성장해야 합니다. 그러나 동굴 속에 웅크려 있는 상태라면 백만 가지 기회가 지나가도 모두 소용이 없을 것입니다. 내향적인 학생들에게는 이런 방식이 어렵게 느껴질 수 있으므로, 문화의 힘이 중요합니다. 주변에서 인터뷰를 하는 아이들이 많아지면, 자연스럽게 본인도 해 봐야겠다는 생각을 하게 됩니다. 그리고 어른들은 아이들이 자신의 직업에 관심을 보이고, 노하우를 이야기할 기회를 즐겁게 여깁니다.

물론 아이들의 관심이 반갑지 않을 수도 있습니다. 본인이 직업에서 많은 고생을 했거나, 그 분야의 부조리함을 잘 알고 있기 때문입니다. 그러나 다시 생각해 보면, 어느 분야에나 각기 다른 어려움과 부조리가 존재합니다. 아이를 부조리로부터 완전히 보호하는 것은 불가능하며, 오히려 그 부조리를 극복하거나 변화시킬 수 있는 인재로 키우는 것이 바람직할 것입니다. 따라서 본인이 겪었던 시행착오와 미리 준비해야 할 자질에 대해 담담히 이야기해 주는 것이 좋습니다. 다만, 자신이 극복하지 못한 콤플렉스를 아이에게 강요하지 않도록 주의해야 합니다. 예를 들어, 영어 능력 부족으로 기회가 제한되었다고 생각하는 부모가 지나치게 영어를 강조할 경우, 아이들은 능력을 요구받으며 오히려 숨으려 할 수 있습니다. 그러면 부모의 반응에 따라 아이의 유능감이 상실될 수 있습니다. 또한, 특정 직업에 대해 부정적으로 묘사하면 아이의 가능성의 싹을 꺾을 수 있으므로 신중해야 합니다.

진로 성숙도가 낮은 아이들은 종종 "그 직업을 하면 얼마나 벌어요?"라고 질문합니다. 그러나 공무원 등의 예외를 제외하면, 직업 자체로 연봉이 정해지는 것이 아닙니다. 직무 내에서 각자의 역량, 영업, 홍보, 소비자 만족도 등에 따라 수익 차이가 크게 발생합니다. 이를 한 번에 설명하기 어렵다 보니 "얼마 받느냐는 다 다르지"라고 두루뭉술하게 답변하게 되는데, 이러한 답변을 들은 아이들의 관심은 급속히 식어 버리기 마련입니다. 중요한 것은 아이들의 에너지이므로, 일단 관심이 연봉이라면 그로부터 출발하는 것이 좋습니다. 어떤 능력에 따라 연봉이 달라지는지를 이해하면 그 직업의 본질을 이해하는 데 도움이 되기 때문입니다. 다만, 인터뷰를 진행할 때는 당사자의 연봉을 직접 묻지 않도록 주의시켜야 합니다.

가족 외 다른 사람을 인터뷰할 경우 간단한 질문 항목을 준비하여 메모한 내용을 블로그나 진로 노트에 기록하도록 합니다. 질문지에는 다음과 같은 내용이 포함될 수 있습니다.

1. 그 직업 안에서 연봉의 차이를 가르는 핵심 능력은 무엇인가?
2. 그 직업을 지망하는 사람에게 당부하고 싶은 준비 사항은 무엇인가?
3. 그 직업에 대해 일반적으로 알려진 부분과 실제와 다른 점은 무엇인가?
4. 요즘 신입사원들은 어떤 사람이 잘 뽑히는가?
5. 그 직업의 전망은 어떠한가?
6. 그 직업 내에서 특별히 추천하고 싶은 직무가 있다면 무엇인가?
7. 그 직업 외에 따로 추천하고 싶은 진로가 있는가?

또한, 인터뷰에 응해 주신 분들께 감사의 의미로 선물을 준비하고 전달하도록 합니다. 진로 찾기를 가족의 우선순위로 두려면, 인터뷰를 여러 번 진행할 수 있도록 적절한 선물을 대량으로 구매해 두는 것도 좋은 방법입니다. 진로 인터뷰는 익숙하지 않은 문화이기 때문에 쉽게 흐지부지될 수 있지만, 선물에 투자함으로써 지속적인 관심을 갖게 되고, 주변 인물들의 직업을 아이의 진로와 연관 지어 생각하게 되는 계기가 될 수 있습니다.

자원은 알아보는 사람만이 활용할 수 있습니다. 진로 조사가 어렵게 느껴질 수 있지만, 우리 주변에는 진로에 대해 구체적인 정보를 제공할 수 있는 전문가들이 많습니다. 그러나 이러한 귀중한 자원들이 제대로 활용되지 않는 경우가 많습니다. 어른들이 자신의 직업을 통해 얻은 교훈과 시행착오를 아이들과 나눌 수 있는 문화를 조성해 나가야 합니다. 인디언 속담에 "아이 하나를 키우기 위해서는 온 마을이 필요하다"고 했듯이, 이러한 문화가 자리 잡으면 어른들도 자신의 직업에 새로운 의미를 부여할 수 있고, 아이들과 어른들 간의 상호 도움과 교류가 자연스럽게 이루어질 것입니다.

영화, 드라마로 진로 투어를

운전 중 내비게이션을 켰을 때, 현재 위치를 제대로 파악하지 못해 길을 잘못 드는 경우가 있습니다. 어느 정도 주행을 한 뒤에야 내비게이션이 제대로 작동하여 경로를 수정해 주곤 합니다. 이는 '길을 주행하던 맥락이 있으면 파악이 쉬운데, 갑작스레 한 점을 찍고 "여기가 어디냐?"고 묻는다면 내비게이션도 혼란스러울 수 있다'는 점을 잘 보여 줍니다. 이러한 점과 맥락의 원리는 학습에서도 중요한 역할을 합니다. '병자호란'이라는 사건 하나만 외우는 것보다, 서인들의 '친명배금 정책(명나라와 가까이하고 금나라와 멀리하는 정책)'과 광해군의 중립 외교까지 이해하는 것이 훨씬 기억에 도움이 됩니다. 이는 단순한 하나의 '점'보다 이야기의 선을 따라 맥락을 이해할 때 더 잘 기억되기 때문이며, 앞뒤 사정을 알면 단답형이 아닌 응용 문제에도 대처할 수 있는 힘을 기르게 됩니다.

이와 마찬가지로, 갑자기 "진로 탐색을 시작하라"고 말하면 어디서부터 시작해야 할지 몰라 당황스럽기 마련입니다. 이때 영화나 드라마를 활용하는 것은 특정 직업의 '맥락'을 이해하는 데 효과적일 수 있습니다. 물론, 스토리 전개상 배경 설정이나 인물 간의 관계를 설명하는 데 시간이 걸리겠지만, 단순히 진로 정보 사이트에서 콕 찝어 보는 직업 정보보다 스토리와 맥락 속에서 직업을 이해하는 방식이 훨씬 효과적입니다. 게다가 아이들을 움직이게 하는 에너지는 '재미와 멋'인데, 영화나 드라마는 이 두 가지 요소를 모두 갖추고 있습니다.

온 가족이 일주일에 한 번씩 정해진 드라마나 영화를 함께 시청하는 시간은 매우 귀한 리추얼이 됩니다. 우리 가족의 경우, 특정 직업과 관련된 콘텐츠를 함께 시청하며 그 직업의 맥락을 자연스럽게 이해하도록 노력하고 있습니다. 예를 들어, 반도체 분야에 관심이 있다면 관련 다큐멘터리나 반도체 공정을 다룬 드라마를 시청하며 이 분야의 역사, 일하는 방식, 그리고 현실의 어려움을 함께 파악할 수 있습니다. 이렇게 맥락을 알고 이해하게 되면, 진로에 대한 이해가 더욱 구체적이고 생생해져 진로 설정에 큰 도움이 됩니다.

무역, 금융, 경제

드라마: 〈미생〉 – 무역 회사에서의 일상과 업무를 다루며, 국제적인 무역의 현실을 생생하게 보여 줍니다. 회사 내 다양한 직무와 협력 과정을 이해하기 좋습니다.

다큐멘터리: 〈Planet Money Makes a T-Shirt (NPR)〉 – 티셔츠 생산 과정을 통해 전 세계적인 무역의 복잡성을 청소년이 쉽게 이해할 수 있습니다. 유튜브 영상으로 필요한 경우 자막을 켜고 보면 됩니다.

드라마: 〈한자와 나오키〉 – 은행 내의 경쟁과 금융 시스템을 다루며, 금융권에서의 업무와 도전 과정을 이해할 수 있습니다.

다큐멘터리: 〈The Ascent of Money (PBS)〉 – 금융과 경제의 역사를 통해 은행과 금융 시스템에 대한 이해를 높이는 다큐멘터리입니다.

드라마: 〈머니게임〉 – 경제 금융과 관련된 갈등과 국가 경제를 보여 줍니다.

법조계

예능 다큐: 〈굿피플〉 – 변호사 인턴들의 실제 일상과 법률 사무소에서의 업무를 다룹니다. 청소년들이 법률 분야에 관심을 갖고 간접 경험을 쌓는 데 적절합니다.

영화: 〈변호인〉 – 인권 변호사의 실화를 바탕으로 한 이야기입니다. 한국 현대사에 대한 맥락 이해에도 좋지만 몇 장면은 시청에 불편할 수도 있습니다.

영화: 〈배심원들〉 – 법적 갈등과 정의를 다루는 이야기를 통해 법조인의 역할

과 사회적 책임을 이해할 수 있습니다.

드라마: 〈로스쿨〉 – 법학을 배우는 학생들의 일상과 법적 갈등을 다루어 법조계의 현실을 이해하도록 돕습니다.

드라마: 〈슈츠〉 – 법률 사무소의 갈등과 사건 해결 과정을 통해 변호사의 역할을 재미있게 접할 수 있습니다.

건축, 구조기술사

드라마: 〈나의 아저씨〉 – 건축 기술사로 일하는 주인공의 이야기를 통해 건축 분야의 현실적인 모습을 엿볼 수 있습니다. 건축과 관련된 비유도 좋습니다. 다만 이야기 전개상 불륜이라는 상황이 등장(구체적인 묘사는 거의 없습니다.)하는 점을 고려할 필요는 있습니다.

다큐멘터리: 〈How Buildings Learn(BBC)〉 – 건축물이 시간에 따라 어떻게 변화하고 적응하는지 다룬 다큐멘터리로, 건축과 공간에 대한 이해를 돕습니다.

의사

드라마: 〈하얀 거탑〉, 〈슬기로운 의사생활〉 – 의료 현장의 현실과 의사들의 고민, 환자와의 관계를 통해 의료 직업의 의미를 이해할 수 있습니다.

다큐멘터리: 〈The Human Body(BBC)〉 – 인체의 구조와 기능을 설명하며

의학적 이해를 돕습니다.

영화: 〈닥터〉 – 의사로서의 갈등과 환자와의 관계를 보여 줍니다.

스카우트, 마케팅, 전력분석, 홍보

드라마: 〈스토브리그〉 – 스포츠 구단의 운영과 스카우트, 마케팅, 홍보 담당자들의 역할을 생생하게 보여 줍니다.

영화: 〈꿈의 구장(Field of Dreams)〉 – 야구를 배경으로, 스포츠에 대한 열정과 꿈을 이루기 위한 노력을 다룹니다.

영화: 〈머니볼〉 – 야구팀의 전력 분석과 스카우트 과정을 보여 줍니다.

창업

드라마: 〈스타트업〉 – 창업을 꿈꾸는 젊은이들의 도전과 그 과정, 그리고 창업 생태계를 보여 줍니다.

다큐멘터리: 〈She Started It〉 – 여성 창업가들의 이야기를 통해 창업 과정에서의 어려움과 성공을 이해할 수 있습니다.

영화: 〈소셜 네트워크〉 – 페이스북 창립 과정을 다룬 창업 이야기입니다.

경찰, 탐정

드라마: 〈시그널〉 – 과거와 현재를 잇는 수사 과정을 통해 경찰의 역할과 탐정적인 사고를 배울 수 있습니다.

다큐멘터리: 〈Inside the FBI: New York(Netflix)〉 – FBI의 실제 업무와 수사 과정을 다루어 경찰 및 수사 업무를 생생하게 이해할 수 있습니다.

광고, 마케팅

드라마: 〈광고천재 이태백〉 – 광고 업계에서의 창의적인 과정과 경쟁을 재미있게 표현합니다.

영화: 〈인턴(The Intern)〉 – 스타트업 회사에서 인턴이 겪는 이야기를 통해 마케팅과 기업 문화에 대해 알 수 있습니다.

요리사

드라마: 〈파스타〉 – 주방의 긴장감과 요리사로서의 성장 이야기를 통해 요리사라는 직업을 이해할 수 있습니다.

다큐멘터리: 〈Chef's Table〉 – 세계적으로 유명한 셰프들의 이야기를 통해 요리에 대한 열정과 그 과정의 의미를 보여 줍니다.

예능: 〈흑백요리사〉 – 맛의 승부에서의 긴장감과 팀워크, 리더십의 유형을 볼 수 있습니다.

패션 디자이너

영화: 〈악마는 프라다를 입는다〉 – 패션 잡지사에서 일하는 디자이너의 일상을 보여 줍니다.

드라마: 〈스타일〉 – 패션 잡지사에서 일하는 다양한 인물들을 통해 패션 업계의 모습을 이해할 수 있습니다.

드라마: 〈내일도 칸타빌레〉 – 음악을 배경으로 하지만 패션 관련 인물들도 등장합니다.

프로그래머, 개발자

드라마: 〈스타트업〉 – 개발자와 창업자들의 이야기를 다루며, 기술 창업의 현실을 보여 줍니다.

영화: 〈엑스플레인드: 코딩의 세계(Netflix)〉 – 코딩의 개념과 개발자의 역할을 청소년도 이해하기 쉽게 설명합니다.

드라마: 〈알함브라 궁전의 추억〉 – AR 게임을 개발하는 과정과 게임 업계를 보여 줍니다.

영화: 〈엑스 마키나〉 - AI를 개발하는 과정에서 벌어지는 이야기입니다.

파일럿, 항공 관련 직업

다큐멘터리: 〈Living in the Age of Airplanes〉 - 항공 산업과 그 중요성을 다루는 다큐멘터리로, 항공에 대한 이해를 높입니다.

영화: 〈설리, 허드슨강의 기적〉 - 기장의 역할과 책임을 보여 줍니다.

교사

드라마: 〈블랙독〉 - 계약직 교사가 되는 주인공의 시각에서 학교 내의 현실과 교사로서의 고민, 그리고 교직 사회에서의 생존과 성장을 다룹니다. 교사의 현실적이고 인간적인 모습을 보여 주며, 교육 현장에서 직면하는 다양한 문제들을 잘 표현하고 있습니다.

영화: 〈죽은 시인의 사회(Dead Poets Society)〉 - 학생들에게 영감을 주고 창의적인 사고를 장려하는 교사의 이야기를 통해 교사라는 직업의 의미와 교육적 가치를 생각해 볼 수 있습니다.

다큐멘터리: 〈American Teacher〉 - 미국의 교사들의 일상과 그들의 헌신을 보여 주는 다큐멘터리로, 교직의 현실과 도전을 살펴볼 수 있습니다.

한의사

소설: 〈동의보감〉 – 역사적 사실 고증에 대한 논란은 있지만, 소설 그 자체로 매우 역동적이고 재미가 있습니다. 한의학에 대한 간접적 지식뿐 아니라 학습에 대한 태도도 다루고 있습니다.

드라마: 〈허준(MBC)〉 – 조선의 명의 허준의 생애를 다룬 드라마로, 전통 한의학을 배우고 실제로 환자를 치료하는 과정에서의 한의사로서의 사명감과 어려움을 잘 보여 줍니다.

다큐멘터리: 〈Healing Hands, The Art of Oriental Medicine〉 – 동양의학, 특히 한의학의 진단과 치료 방법에 대한 소개와 한의사들의 일상을 다루는 다큐멘터리로, 한의학의 철학과 실제 치료 과정에 대해 자세히 알 수 있는 콘텐츠입니다.

교양: 『동의보감』 관련 교양 프로그램(EBS) – 조선시대 의학서 『동의보감』을 현대적으로 해석한 교양 프로그램입니다.

또 아이의 활동에 의미를 부여하는 데 있어 영화와 드라마가 큰 역할을 할 수 있습니다. 특정 직업과 관련된 콘텐츠뿐만 아니라, 아이들이 하는 활동 자체에 영감을 주고 더 큰 의미를 부여할 수 있는 다양한 영화와 드라마가 있습니다. 이는 아이들이 특정 상황에서의 치열함을 느끼고, 자신이 멋지다고 생각한 캐릭터를 모방하며 자신감을 기르는 데 효과적입니다. 아래는 각 활동에 맞추어 우리 집에서 효과가 좋았던 콘텐츠 예시입니다.

1. 프레젠테이션과 발표 수업

드라마: 〈굿피플〉, 〈미생〉 – 변호사나 무역업 직무를 다루고 있지만, 그 이상의 사회적 요구와 각기 다른 문제 해결 방식, 논리적 사고와 전달 방식을 배울 수 있습니다. 발표 수업에서도 이와 같은 스킬을 모방하고 응용할 수 있어 매우 효과적입니다.

영화: 〈킹스 스피치(The King's Speech)〉 – 영국 왕이 연설 공포증을 극복하는 이야기를 다루며, 프레젠테이션과 발표에서 중요한 요소들을 청소년이 이해하고 연습하는 데 영감을 줄 수 있습니다.

2. 팀 프로젝트

드라마: 〈스토브리그〉 – 스포츠 구단의 운영을 다루며 팀원 간의 협력, 서로 다른 전문성을 인정하고 최상의 결과를 이끌어 내는 과정이 매우 인상적입니다. 아이들이 팀 프로젝트를 할 때 팀워크의 중요성을 체감하게 합니다.

영화: 〈오션스 일레븐(Ocean's Eleven)〉 – 서로 다른 능력을 가진 캐릭터들이 한 팀이 되어 계획을 실행하는 모습을 통해 팀워크와 역할 분담의 중요성을 재미있게 이해할 수 있습니다.

3. 창의적 문제 해결

영화: 〈굿 윌 헌팅〉 – 천재적인 수학 능력을 가진 주인공이 스스로의 한계를 넘어서는 과정을 통해, 창의적 문제 해결과 자신감의 중요성을 배울 수 있습니다.

드라마: 〈스타트업〉 – 창업과 문제 해결을 다루며 창의적인 아이디어와 혁신적인 접근 방식을 청소년들에게 영감을 주는 좋은 콘텐츠입니다.

4. 예술적 표현과 창의성

영화: 〈라라랜드(La La Land)〉 – 배우와 재즈 피아니스트의 꿈을 향한 도전과 실패, 성공의 이야기를 통해 예술과 창의성의 중요성을 청소년이 공감하게 합니다.

드라마: 〈내일도 칸타빌레〉 – 클래식 음악을 중심으로, 예술적 표현을 통해 협력과 자기 성장의 의미를 전달합니다. 예술 활동을 하는 아이들에게 큰 영감을 줍니다.

5. 협상과 설득

영화: 〈머니볼〉 – 야구팀의 전력 분석과 비즈니스 측면을 다루며, 데이터를 활용한 협상과 설득을 배우기에 적합합니다. 스포츠와 비즈니스의 결합을 통해 설

득력과 논리적 접근의 중요성을 청소년들에게 전달합니다.

드라마: 〈슈츠〉 – 변호사들의 협상과 전략을 다룬 드라마로, 설득의 기술과 상호 간의 갈등 해결 방식을 배울 수 있습니다.

6. 리더십과 책임

영화: 〈호밀밭의 반항아(The Catcher Was a Spy)〉 – 전쟁 중의 스파이로서 리더십과 책임감을 가지게 되는 주인공의 이야기를 통해, 어려운 상황에서의 리더십을 배우게 됩니다.

드라마: 〈한자와 나오키(Hanzawa Naoki)〉 – 리더로서의 역할, 불공정과 맞서 싸우는 주인공을 통해, 정의로운 리더십과 책임감을 배울 수 있습니다.

7. 목표 설정과 도전

영화: 〈인턴(The Intern)〉 – 인생 후반에 도전을 시작하는 시니어 인턴의 이야기를 통해, 목표를 세우고 도전하는 과정에서의 성장과 중요성을 배웁니다.

드라마: 〈스타트업〉 – 창업을 통해 꿈을 이루려는 주인공들의 이야기를 다루며, 청소년들이 자신의 꿈을 설정하고 도전하는 데 필요한 영감을 줍니다.

아이가 무언가를 배우기 시작할 때, 또는 그때그때 적절한 동기부여를 주는 데에도 역시 드라마, 영화, 다큐멘터리가 효과적일 수 있습니다. 다음은 제 경우 효과를 보았던 목록들입니다.

1. 피아노, 바이올린

드라마: 〈노다메 칸타빌레〉 – 피아노와 바이올린을 연주하는 주인공들의 이야기로, 음악을 통해 서로 배우고 성장하는 과정을 다룹니다.

다큐멘터리: 〈The Pianists(BBC)〉 – 피아니스트들이 연주를 준비하는 과정을 통해 음악에 대한 열정과 헌신을 느낄 수 있습니다.

2. 검도

드라마: 〈한자와 나오키(Hanzawa Naoki)〉 – 주인공이 검도를 통해 마음을 단련하는 모습이 인상적입니다. 검도를 통해 자기 수양과 집중력을 배울 수 있습니다.

영화: 〈검의 여왕(Kuro Obi)〉 – 무도와 철학적 가치를 다루며, 검도와 무술의 의미를 청소년이 이해할 수 있도록 돕습니다.

3. 수학

드라마: 〈넘버스(Numb3rs)〉 – FBI의 수사에 수학적 사고를 적용하는 이야기로, 수학이 실생활에서 어떻게 응용되는지 보여 줍니다.

영화: 〈네이든(X+Y)〉 – 수학 천재 소년이 국제 수학 올림피아드에 도전하는 이야기를 통해 수학에 대한 열정과 도전 정신을 배울 수 있습니다.

영화: 〈굿 윌 헌팅〉 – 천재적인 수학 능력을 가진 주인공이 삶의 의미를 찾아가는 과정을 다룹니다.

영화: 〈뷰티풀 마인드(A Beautiful Mind)〉 – 존 내쉬의 삶을 통해 수학적 사고와 개인의 고난을 극복하는 이야기를 배울 수 있습니다.

4. 과학

드라마: 〈맥가이버(MacGyver)〉 – 과학적 원리와 발명을 통해 문제를 해결하는 주인공의 모습을 통해 창의적 사고와 과학의 실생활 응용을 배울 수 있습니다.

드라마: 〈별순검〉 – 과학적 추리와 옛 시대의 탐정 이야기를 통해 과학적 사고와 문제 해결 능력을 배울 수 있습니다.

영화: 〈마이너리티 리포트(Minority Report)〉 – 홍채 인식 기술과 미래의 과학 기술을 다루며, 기술의 발전과 그 영향에 대해 생각하게 합니다.

영화: 〈커런트 워(The Current War)〉 - 전류와 전기 시스템의 발전을 다루며 과학적 혁신과 경쟁의 의미를 전달합니다.

5. 경제

드라마: 〈머니게임〉 - 관료주의와 경제 위기를 다루며, 경제의 복잡한 시스템과 그 안에서의 개인적 역할을 이해할 수 있습니다.

다큐멘터리: 〈Saving Capitalism(Netflix)〉 - 자본주의와 경제 시스템의 구조를 쉽게 이해할 수 있도록 도와주는 다큐멘터리입니다.

6. 심리학

영화: 〈인사이드 아웃(Inside Out)〉 - 인간의 감정을 캐릭터로 표현하여 청소년들이 감정의 복잡성과 인간 행동을 이해하도록 돕습니다.

다큐멘터리: 〈Mind Explained(Netflix)〉 - 인간의 마음과 행동을 다루며 심리학적 관점에서 다양한 주제를 청소년이 쉽게 이해할 수 있도록 설명합니다.

7. 환경 보호와 지속 가능성

다큐멘터리: 〈Our Planet(Netflix)〉 - 기후 변화와 지구의 아름다움을 다루

며, 환경 보호와 지속 가능성의 중요성을 쉽게 이해할 수 있습니다.

영화: 〈월-E(WALL-E)〉 - 인간의 소비와 환경 오염에 대한 경고를 주며, 지속 가능한 삶에 대해 생각하게 합니다.

8. 문화와 예술

다큐멘터리: 〈Abstract: The Art of Design(Netflix)〉 - 디자인과 예술을 주제로 한 다큐멘터리로, 예술 분야에서 창의적인 사고를 발전시키는 방법을 보여 줍니다.

9. 기술과 발명

다큐멘터리: 〈How We Got to Now(PBS)〉 - 인류의 발명과 혁신을 다루며, 기술이 사회에 어떻게 영향을 미쳤는지 잘 보여 줍니다.

10. 글쓰기와 문학

영화: 〈죽은 시인의 사회(Dead Poets Society)〉 - 자유로운 사고와 리더십을 강조하며, 현실에 매몰되지 않고 극복할 수 있는 자기 정체성을 갖는 데 도움이 됩니다.

영화: 〈파인딩 포레스터(Finding Forrester)〉 - 글쓰기에 재능이 있는 소년이 멘토를 통해 성장해가는 이야기를 통해 문학의 중요성을 이해하게 합니다.

드라마: 〈작은 아씨들(Little Women)〉 - 19세기 미국을 배경으로, 자매들의 성장과 글쓰기를 통한 꿈을 그린 이야기입니다.

11. 사회 정의와 인권

영화: 〈헬프(The Help)〉 - 미국 남부의 인종 차별 문제를 다루며, 인권과 정의의 중요성을 이해할 수 있습니다.

다큐멘터리: 〈He Named Me Malala〉 - 교육을 받을 권리를 위해 싸운 말랄라의 이야기를 통해 인권과 교육의 가치를 배울 수 있습니다.

12. 자연 탐사와 모험

영화: 〈National Geographic: Earth〉 - 세계의 다양한 환경과 생물들을 탐사하는 모습을 통해 자연 탐사의 의미를 전달합니다.

다큐멘터리: 〈Into the Wild〉 - 자연을 탐험하고 자신을 발견하는 이야기를 통해 도전과 모험에 대한 긍정적인 태도를 갖게 됩니다.

13. 역사

영화: 〈남한산성〉 – 병자호란 시기의 역사를 다루며, 청소년들이 역사적 사건의 맥락을 이해하고 교훈을 얻을 수 있습니다.

영화: 〈자산어보〉 – 실학 사상을 바탕으로 한 이야기를 통해 역사와 인물의 중요성을 배우고, 지식의 가치를 깨달을 수 있습니다.

영화: 〈포레스트 검프(Forrest Gump)〉 – 미국 현대사를 배경으로, 주인공이 주요 역사적 사건들을 경험하며 간접적으로 미국의 역사적 순간들을 익힐 수 있습니다. 옆에서 적절히 이야기해 주거나 함께 찾아가면서 본다면 미국 현대사의 중요한 사건들을 재미있게 이해하는 데 도움이 됩니다.

영화: 〈히든 피겨스(Hidden Figures)〉 – NASA에서 일했던 아프리카계 미국 여성 수학자들의 이야기를 통해, 1960년대 미국의 인종 차별과 우주 경쟁 시대의 역사를 알 수 있습니다.

영화: 〈피아니스트(The Pianist)〉 – 제2차 세계대전 당시 나치 점령 하의 폴란드에서 살아남기 위해 고군분투한 피아니스트의 이야기입니다. 홀로코스트와 전쟁의 비극을 깊이 이해할 수 있습니다.

영화: 〈굿바이, 레닌(Good Bye Lenin!)〉 – 독일 통일 시기를 배경으로, 동독과 서독의 역사적 배경과 사회 변화를 다루며, 냉전과 독일 통일에 대해 이해할 수 있도록 돕습니다.

영화: 〈킹스 스피치(The King's Speech)〉 – 영국 왕 조지 6세의 이야기를

통해 제2차 세계대전 전후의 영국과 유럽의 역사적 상황을 배울 수 있습니다. 정치적 상황과 리더십의 중요성도 함께 전달합니다.

영화: 〈노예 12년(12 Years a Slave)〉 – 미국의 노예 제도와 흑인 인권에 대한 이야기를 다루며, 청소년들이 역사적 배경을 통해 인권의 중요성을 이해할 수 있습니다.

영화: 〈셜록 홈즈: 그림자 게임(Sherlock Holmes: A Game of Shadows)〉 – 역사적 배경을 기반으로 하여 19세기 유럽의 정치적 음모와 관련된 사건을 다루고 있으며, 당시의 유럽 역사와 배경을 흥미롭게 알 수 있습니다.

다큐멘터리: 〈The World at War〉 – 제2차 세계대전을 다룬 다큐멘터리 시리즈로, 전쟁의 배경, 전개, 여파에 대해 깊이 있게 다룹니다. 전쟁의 비극과 그 역사를 이해하는 데 유용합니다.

다큐멘터리: 〈Big History(History Channel)〉 – 역사, 과학, 경제 등을 통합적으로 다루며, 인류의 역사를 큰 맥락에서 이해하게 합니다. 과거와 현재의 연결성을 쉽게 이해할 수 있습니다.

다큐멘터리: 〈History of Our Time(BBC)〉 – 근대 세계의 역사적 사건들을 다루며, 각 시대의 중요한 인물과 사건을 소개해 역사의 흐름을 쉽게 파악할 수 있습니다.

다큐멘터리: 〈Lost Kingdoms of Africa(BBC)〉 – 아프리카 대륙의 역사적 유산과 문명에 대해 다루며, 아프리카의 다양한 역사와 문화를 이해할 수 있습니다.

다큐멘터리: 〈Cosmos: A Spacetime Odyssey〉 - 인류 문명과 과학의 발전 과정을 다루며, 역사와 과학이 어떻게 연결되어 있는지를 이해할 수 있습니다.

다큐멘터리: 〈13th(Netflix)〉 - 미국의 흑인 인권 운동과 교도소 제도에 대한 역사적 배경을 다루며, 인권의 역사와 사회적 정의에 대한 중요성을 청소년들이 깊이 이해할 수 있도록 합니다.

다큐멘터리: 〈The Road to War(BBC)〉 - 제2차 세계대전이 일어나기 전의 배경을 다루며, 각국의 정치적 상황과 결정들을 이해할 수 있게 해줍니다.

다큐멘터리: 〈The Roman Empire(Netflix)〉 - 로마 제국의 흥망성쇠를 다루며, 로마 시대의 역사와 문화를 흥미롭게 알 수 있는 다큐멘터리 시리즈입니다.

다큐멘터리: 〈Greatest Events of World War II in Colour(Netflix)〉 - 컬러 영상을 통해 제2차 세계대전의 주요 사건들을 다루며, 역사적 사건을 생생하게 체험할 수 있습니다.

드라마와 영화는 아이의 나이와 취향에 따라 다양한 효과를 가져올 수 있다는 점에서 매우 흥미로운 도구입니다. 예를 들어 저희의 경우 〈노다메 칸타빌레〉를 7살 때 보았을 때는 일본 드라마 특유의 만화적인 상상력이 겹쳐져서 아이가 매우 좋아했지만, 만약 좀 더 큰 나이에 보았다면 유치하다고 느꼈을 것입니다. 반대로, 예상치 못한 효과가 나타나기도 합니다. 예를 들어, 은행 업무를 이해시키기 위해 〈한자와 나오키〉를 보았는데, 주인공이 검도를 수련하고 상대방을 제압하는 장면에 매료되어 지금까지 검도를 지속하고 있는 경우도 있었습니다. 또 『닥터 노구찌』, 소설 『동의보감』과 같이 아주 오랫동안 아이의 가치관, 태도에 영향을 미치는 소설이나 만화들도 있습니다.

   이처럼 아이에게 보여줄 전문적인 직업이 소개되는 콘텐츠를 선택할 때는, 그 콘텐츠가 아이의 현재 나이와 현재 흐름에 적절한지 고려해 보는 것이 좋습니다. 드라마나 영화는 직업의 세계를 보여 주고 아이들에게 영감을 주는 좋은 방법이지만, 아이의 나이와 상황에 따라 예기치 않은 방향으로 관심을 이끌어 갈 수 있기 때문에, 아이의 반응을 잘 관찰하는 것이 중요합니다.
   콘텐츠를 통한 진로 탐색은 아주 효과적일 수 있지만, 위 방법들이 효과를 거두기 위해서는 다음의 몇 가지 전제가 충족되어야 합니다.

   첫째, 미디어 절제가 필요하다. 기본적으로 미디어 절제가 잘 되어 있을 때 이러한 콘텐츠 활용이 효과적입니다. 만약 다른 미디어에서 충분한 재미와 자극을 섭취하고 있는 상태라면, 이미 단 맛으로 배가 부른 상태와 같아 새로운 정보를 받아들이기 어려울 수 있습니다. 드라마나 영화로 진로 투어를 하는 것은 낯선 직업 환경을 맥락의 힘으로 친근하게 만드는 과정인데, 아이가 이미 단 맛으로 충분히 즐기고 있다면 이런 새로운 맛을 탐험하고 싶어하지 않을 것입니다. 또한, 미디어 절제가 되어 있지 않은 경우에는 각자 방에서 원하는 것을 보는 것이 더 편리하게 느껴져, 굳이 가족과 함께 드라마를 시청하려고 하지 않을 수 있습니다. 반면에, 미디어 절제 문화가 자리 잡은 경우에는 재미에 굶주린 아이들이 드라마를 틀어 준다고 하면 그 자체로 소중한 시간이 됩니다. 이 경우 드라마 시청을 보상으로 사용하거나 조건으로 제시하여 자율성과 규칙을 강화할 수 있습니다.

둘째, 부모의 사전 검토와 참여가 필요합니다. 지나치게 사회 고발적이거나 어두운 성향의 드라마는 적절하지 않을 수 있습니다. 또한, 아이에게 적합하지 않은 장면이 나올 가능성이 있으므로, 이러한 콘텐츠를 아이에게 보여줄 때 부모가 앞부분을 약간 시청하고 내용을 판별한 후에 아이와 함께 시청하는 것이 좋습니다. 이 과정에서 부모와 아이는 드라마를 보는 동안 장면을 멈추고 각자의 경험이나 생각을 나누며 더 의미 있는 시간을 보낼 수 있습니다. 때로는 너무 많은 대화로 인해 아이가 "그만 이야기하고 드라마나 보자"라고 할 정도로 대화가 깊어질 수 있지만, 이는 서로의 의견을 나누는 중요한 기회가 됩니다. 이러한 상호작용은 아이에게 단순한 콘텐츠 소비 이상의 깊이 있는 학습 경험을 제공합니다.

셋째는 진로 노트 작성을 유도하는 것입니다. 드라마를 시청하는 동안 아이가 그저 드라마 자체의 흐름에만 집중할 수 있으므로, 극 중에서 나오는 정보나 고유명사 등을 진로 노트에 기록하도록 유도하는 것이 좋습니다. 이를 통해 정보의 체계적 정리와 직업에 대한 관심이 확장될 수 있습니다. 만약 아이가 특정 직업에 대해 호감을 표현한다면, 그 직업과 관련된 책이나 기사를 옆에 놓아주어 자연스럽게 더 깊이 탐구할 수 있도록 도와줄 수 있습니다. 이런 과정을 통해 아이는 단순히 콘텐츠를 시청하는 것에서 나아가, 직업에 대한 이해와 관심을 실제 학습으로 연결하게 됩니다.

마지막으로는 예상하지 못한 스파크를 대비하는 것입니다. 예를 들어 〈노다메 칸타빌레〉를 시청할 때, 7살 아이가 일본 드라마 특유의 만화적인 상상력과 표현 방식에 큰 흥미를 느낄 수 있습니다. 피아노에 열정이 나오게 하려던 부모 입장에서는 당혹스러울 수 있는 일입니다. 하지만 그렇다고 해서 이왕 보기 시작한 콘텐츠를 중단하게 되면 아이 입장에서는 에너지가 끊기는 경험을 하게 되고, 이후 이어질 활동에도 부정적인 영향을 끼치게 됩니다. 부모가 의도치 않은 효과에 대해서도 자연스럽게 의미부여를 하면서 인정해 주는 게 필요합니다. 생각해 보면 세상사가 모두 이렇게 전개되기 마련이니까요. 그렇다고 해서 항상 부정적인 효과만 나오는 건 아닙니다. 저희 집의 경우 〈한자와 나오키〉를 통해 은행 업무를 소개하려고 했으나, 주인공이 검도를 수련하며 상대방을 제압하는 장면에 매료되어 검도에 관심을 가지게 된 경우처럼, 예상하지 못한 긍정적인 효과가 나타날 수 있습니다.

또한, 드라마나 영화에서 등장하는 특정 직업의 정보나 용어를 아이와 함께 정리하여 진로 노트에 기록하고, 그 직업과 관련된 추가 자료를 제공함으로써 아이의 관심이 구체화되고 확장되도록 돕는 것이 중요합니다. 예를 들어, 『닥터 노구찌』를 통해 아이가 의학에 흥미를 보였다면, 관련된 의학 책이나 과학 기사를 통해 의학에 대한 더 깊은 이해를 유도할 수 있습니다. 부모도 함께 작성하면 아이는 아주 신나하면서도 부모보다 더 잘 하려고 경쟁할지도 모릅니다. 이러한 전제 조건과 방식을 잘 활용하면, 미디어를 통해 청소년들이 직업 세계를 탐구하고 흥미를 가질 수 있는 좋은 기회를 제공할 수 있습니다.

유튜브로 진로 투어를

고전 문학 강의를 들어보면, 그 당시의 시대상을 다루는 경우가 많습니다. 그림이나 음악도 마찬가지입니다. 이는 작가가 살던 시대의 흐름이 작품을 이해하는 데 큰 역할을 하기 때문입니다. 즉, 시대의 맥락을 무시하고 현재의 기준으로 작품을 바라본다면 그만큼 이해가 어려워질 수 있다는 것입니다. 이는 인간이 시대의 영향을 크게 받기 때문입니다.

우리 아이들도 마찬가지입니다. 어릴 때부터 영상에 익숙한 아이들의 감각은 부모 세대와 분명히 차이가 있습니다. 부모들이 어렸을 때는 신문이나 책 등 텍스트 정보가 영상보다 많았습니다. 당시에도 글을 읽기 싫어하는 사람들이 있었지만, 다양한 영상 콘텐츠가 대안으로 존재하는 지금은 상황이 다릅니다. 아이들은 글에서 정보를 추출해 내는 과정에서 "왜 이런 걸 해야 하느냐"며 더 큰 스트레스를 받기도 합니다.

문해력 계발은 잘하는 아이에게는 그 능력을 더 강화하고, 부족한 아이에게는 반드시 필요한 과정입니다. 이는 학교 시험뿐 아니라 연봉 협상, 전월세 계약, 자기계발 등 인생 전반에 걸쳐 중요한 역할을 하기 때문입니다. 하지만 문해력 향상은 장기간에 걸친 프로젝트이며, 특히 텍스트를 싫어하는 아이들의 경우 진로를 결정하는 중요한 시기를 놓치기 쉽습니다. 또 발상의 전환을 한다면, '읽는다'는 개념을 반드시 텍스트에만 국한시킬 필요도 없습니다. 요즘에는 구독 경제라고 해서 온갖 식품, 생활 용품, 심지어 자동차까지도 구독의 대상이 됩니다. 그런데 이 구독(subscription)의 독이 '읽을 독(讀)'이니, 세상 모든 것이 읽기의 대상이라고도 볼 수 있겠습니다. 많은 유튜버들도 "구독, 좋아요"를 부탁하고 있으니, 말하자면 자신의 영상을 '읽어달라'는 뜻입니다. 따라서 자녀의 상황에 따라 유튜브와 같은 영상 자료를 활용하여 진로 성숙도를 높이는 방법이 효과적일 수 있습니다.

유튜브, 내부자를 내 편으로

원래는 진로 탐색에서 특정 영역의 전문가는 만나기 어려운 존재입니다. 일이나 사업적인 만남이라면 항상 열려 있을 수 있지만, 마땅히 수익을 얻을 수 있는 상황이 아닌데도 모르는 사람에게 기꺼이 시간을 내서 자신의 특별한 경험과 노하우를 나눠주기란 쉽지 않기 때문입니다. 그런데 이제는 유튜브를 통해 각 영역에 있는 전문가의 이야기를 들을 수 있게 되었습니다. 유튜브를 제작하는 전문가들의 경우, 조회수를 올리고 더 많은 사람들의 관심을 끌기 위해 자신의 경험을 바탕으로 그 분야의 내부자만 알 수 있는 생생한 정보를 전달할 수밖에 없습니다. 이로 인해 직업의 구체적인 내용과 현실적인 이야기를 쉽게 접할 수 있어, 진로 탐색에 매우 유용한 도구가 되는 것입니다. 학생들이 가장 궁금해 하는 건 연봉이나 그 직업의 단점 등이지만, 실제로 인터뷰를 한다고 해도 이런 얘기는 직접 물어보기 어려울 수 있습니다. 하지만 유튜브에서는 그 직업에 대한 교과서적인 지식뿐만 아니라, 현장에 있는 사람만이 전달할 수 있는 '진짜' 정보를 턱! 하니 보여 줍니다.

다만 이러한 정보는 각 전문가의 주관적인 경험을 바탕으로 하고 있다는 점을 유의해야 합니다. 각 전문가가 전달하는 내용은 개인적인 배경과 상황에 따라 다를 수 있기 때문에, 특정 직업에 대해 보다 정확하고 균형 잡힌 이해를 하기 위해서는 여러 개의 유튜브 채널과 영상을 교차 참조하는 것이 중요합니다. 예를 들어, 같은 직업이라도 회사의 규모, 지역, 근무 환경에 따라 경험이 다를 수 있기 때문에, 여러 전문가들의 이야기를 들어보면 다양한 시각에서 그 직업의 특성을 파악할 수 있습니다.

따라서 유튜브를 통해 진로 탐색을 할 때는 특정 영상에만 의존하기보다는, 다양한 채널에서 같은 직업을 다룬 영상을 시청하며 교차 검증하는 것이 필요합니다. 이를 통해 특정 직업에 대한 편향된 시각을 피하고, 그 직업의 본질을 더 폭넓고 깊이 있게 이해할 수 있게 됩니다.

1. 전문가 인터뷰 영상 활용하기

유튜브에는 다양한 분야의 전문가들이 자신의 직업과 관련된 경험을 나누는 영상들이 많이 있습니다. 아이가 특정 분야에 관심이 있다면, 해당 직업의 전문가 인터뷰 영상을 찾아보게 하는 것이 좋습니다. 이를 통해 아이들은 그 직업이 실제로 어떤 일을 하는지, 그 과정에서 필요한 역량은 무엇인지 쉽게 이해할 수 있습니다.

2. 다큐멘터리 및 교육용 콘텐츠 시청하기

유튜브에는 다양한 직업군과 산업 분야를 다루는 다큐멘터리나 교육용 콘텐츠가 많습니다. 예를 들어, 관심을 가진 직무와 함께 '하루 일과'나 '직업 탐방'과 키워드를 검색하면 관련 연상이 매우 다양하게 등장합니다.(프로그래머 일과, 마케터 직업 탐방 등) 이러한 영상들은 현장의 생생한 모습을 그대로 보여 주기 때문에, 글로 읽는 것보다 훨씬 쉽게 이해할 수 있습니다.

유튜브에는 직업 탐색과 관련된 정보를 전문적으로 제공하는 채널이 다수 존재합니다. 예를 들어, '잡플래닛 채널', '링크드인 채널', 'TED Talks Career' 등 채널에서는 직업 정보, 취업 준비, 커리어 성장과 관련된 영상들을 지속적으로 업로드하고 있습니다. 이러한 채널을 구독하고 정기적으로 시청한다면, 자연스럽게 다양한 진로 옵션과 직업 세계에 대한 이해를 넓힐 수 있습니다. 이러한 채널들을 구독해둔다면, 유튜브의 알고리즘이 관련 영상을 수시로 알려 주면서 진로 성숙도를 높이는 역할을 하게 됩니다. 말하자면 유튜브를 내 편으로 삼는 노하우인 셈입니다.

3. 기록하고 토론하기

유튜브에서 영상을 시청한 후, 아이가 해당 내용을 진로 노트에 기록하고 부모와 함께 토론하는 시간을 가지는 것이 좋습니다. 예를 들어, 어떤 직업이 자신에게 매력적으로 보였는지, 그 이유는 무엇인지, 해당 직업을 가지기 위해 어떤 준비가 필요할 것 같은지를 함께 이야기해 보는 것입니다. 이러한 과정을 통해 영상에서 얻은 지식을 정리하고, 깊이 있는 이해를 돕는 동시에 아이의 생각을 명확하게 표현하는 능력도 길러줄 수 있습니다. 다만 가정의 상황상 토론이 어렵다면 진로 노트를 꾸준히 기록하게 하고, 이에 대한 적절한 보상을 해 주는 방법도 효과적일 수 있습니다.

4. 실제 프로젝트와 연결하기

유튜브에서 본 직업 관련 콘텐츠를 실제 프로젝트와 연결하는 것도 좋은 방법입니다. 예를 들어, '건축가의 하루' 영상을 보고 난 후, 아이가 관심을 가진다면 간단한 건축 모형을 만들어 보는 활동을 통해 실질적인 체험을 할 수 있도록 도와줍니다. 이러한 경험은 직업에 대한 관심을 유지하고 심화하는 데 중요한 역할을 합니다. 그래서 부모는 어떤 활동 후에 아이가 보이는 모습을 민감하게 '호시탐탐' 체크하고, 평소와 다른 관심도라고 하면 관련 자료나 경험에 대한 밀도를 확 높여주는 게 좋습니다. 아이가 잠깐 관심을 갖더라도, 우리를 둘러싼 수많은 미디어와 볼거리 때문에 금방 잊는 경우가 많기 때문입니다.

5. 부모의 가이드와 함께 시청하기

유튜브의 방대한 정보 속에서 적합한 콘텐츠를 찾는 것은 어려울 수 있습니다. 또한 유튜브의 특성상 다른 영상으로 시선이 팔리기가 쉽습니다. 따라서 부모가 함께 시청하거나 또는 함께 시청하기 어려운 경우 시청 영상 리스트가 따로 저장되는 프로그램 등으로 시청 환경을 통제하는 방법이 필요합니다.

영상 매체에 익숙한 아이들에게 유튜브는 진로 탐색의 좋은 도구가 될 수 있습니다. 문해력 계발이 중요한 목표이지만, 영상 콘텐츠는 아이들이 진로에 대해 흥미를 느끼고 정보를 쉽게 이해할 수 있도록 돕는 강력한 보조 수단입니다. 다만, 유튜브를 단순한 오락 수단으로 소비하지 않고, 진로 탐색의 중요한 도구로 활용하기 위해서는 부모의 가이드와 계획적인 접근이 필요하다고 할 수 있습니다. 다만, 이런 탐색 활동이 좋은 결실을 맺기 위해서는 자녀가 다니는 학원(수학, 영어, 국어, 과학 등 학교 교과목을 가르치는 학원)의

개수를 줄이고 독립적으로 학습을 이끌어 가는 게 중요합니다. 각 학원들이 내주는 숙제량은 갈수록 많아지고, 학교의 수행평가나 시험 등이 계속 닥쳐오기 때문에 결국 이런 진로 탐색을 미루게 되기 때문입니다. 앞서 말한 대로 대학이 왕 노릇하고 진로가 뒤로 밀리게 되는 패턴이라 할 수 있습니다.

진로의 함정을 유튜브로 파악하기

아이들이 첫 번째로 선택하는 진로의 실제 모습은 종종 그들이 처음 상상했던 것과 크게 다를 수 있습니다. 그 이유 중 하나는 첫 번째 선택이 대중적으로 선호되는 진로이기 때문에 해당 분야로 몰리는 사람이 많아져, 고용주 입장에서는 적은 비용으로도 인재를 쉽게 채용할 수 있기 때문입니다. 이러한 상황은 첫 번째 선택에만 의존할 경우 기대했던 것보다 훨씬 낮은 조건의 일자리를 제안받게 되는 현실로 이어질 수 있습니다. 따라서 진로를 설정할 때는 첫 번째 선택의 함정을 잘 파악하고, 다른 시각에서 바라볼 필요가 있습니다.

예를 들어, 많은 학생들이 좋아하는 게임 개발자를 꿈꾸고 게임 개발 관련 학과에 진학하는 경우를 생각해 봅시다. 게임 산업은 매력적이고 흥미로운 직업처럼 보이기 때문에 많은 학생들이 게임 개발자가 되고 싶어 합니다. 하지만 실제 게임 회사에 취업하기 위해서는 굉장히 많은 경쟁자를 상대로 해야 합니다. 게임 개발자의 몸값은 생각보다 낮을 수 있고, 회사에서 요구하는 근무 조건이나 업무 강도가 매우 높습니다. 이는 게임 개발 분야에 인력이 많기 때문에 고용주 입장에서 굳이 높은 임금을 주지 않아도 적합한 인재를 채용할 수 있는 상황에서 비롯된 것입니다. 결국, 첫 번째 선택으로만 게임 개발자의 길을 꿈꾸었던 아이들은 그 직업의 현실적인 측면에서 좌절할 수 있습니다.

또 다른 예로, 학생들이 많이 선택하는 직업인 교사를 생각해 보겠습니다. 교사는 안정적이고 사회적으로 존경받는 직업으로 많은 학생들이 선호합니다. 하지만 교사가 되기 위해서는 치열한 경쟁을 거쳐야 하며, 막상 교사가 되어도 대기 발령 상태가 길어지거나, 정규직 자리를 얻기 어려운 경우가 있습니다. 이는 많은 사람들이 교사를 꿈꾸기 때문에 고용주인 교육청 입장에서는 많은 선택지 중에서 저렴한 인력을 사용할 수 있는 여지가 있기 때문입니다. 이렇게 첫 번째 선택으로만 특정 직업을 목표로 삼았던 학생들은 진로를 현실화하는 과정에서 생각보다 어려운 상황에 부딪히게 될 수 있습니다.

이러한 진로 선택의 함정을 피하고 진정한 진로 성숙도를 높이기 위해서는 내부자의 이야기를 들어보는 것이 매우 효과적입니다. 유튜브는 이 점에서 매우 유용한 도구가 될 수 있습니다. 유튜브에는 다양한 직업에 종사하는 전문가들이 직접 자신의 직업적 경험을 이야기하는 영상이 많이 있습니다. 예를 들어, 게임 개발자가 자신의 일상과 그 과정에서 느꼈던 어려움, 그리고 게임 업계에서의 현실적인 조건들을 솔직하게 이야기하는 영상을 통해 아이들은 그 직업의 이상적인 모습뿐만 아니라 현실적인 면모도 파악할 수 있습니다. 교사의 경우도, 현직 교사가 자신의 경험과 직무의 현실적인 부분을 이야기하는 영상을 보면서 교사라는 직업이 가지고 있는 도전과 그에 따르는 보람을 동시에 이해할 수 있습니다.

내부자의 이야기, 특히 유튜브에서 제공하는 솔직한 정보를 접하면 첫 번째 선택의 장단점을 명확히 파악할 수 있습니다. 예를 들어, 교사를 꿈꾸는 학생이 현직 교사가 이야기하는 업무 강도, 서류 작업의 부담, 현실적인 근무 환경에 대해 듣게 되면, 그 직업에 대한 현실적인 기대를 형성하게 됩니다. 이러한 정보를 바탕으로 아이는 교사라는 직업이 단순히 안정적이라는 이미지 외에 다른 요소들이 포함되어 있음을 이해하고, 자신의 적성과 목표에 맞는지 다시 생각해 볼 수 있는 기회를 갖게 됩니다.

또한, 첫 번째 선택에 대한 정보를 얻는 것에 그치지 않고, 한 발 더 나아가 관련된 또 다른 옵션들을 찾는 데에도 도움이 될 수 있습니다. 예를 들어, 교사라는 직업의 현실을 알게 된 아이가 교육 컨설턴트, 교육 프로그램 개발자와 같은 다른 진로로 확장해 생각할 수 있는 계기가 될 수 있습니다. 이처럼 유튜브에서 제공하는 내부자의 경험을 통해 아이들은 첫 번째 선택의 단점을 보완할 수 있는 대안을 찾고, 더 넓은 시야에서 진로를 설정하게 됩니다.

AI로 진로 투어를

　요즘 아이들은 AI와 함께 자란다 해도 과언이 아닙니다. 유튜브 알고리즘이 추천한 콘텐츠로 지식을 확장하고 있고, 수시로 인공지능과 대화하며 문제를 해결합니다. 교육 현장에서는 AI의 활용에 대해 의견이 분분한데, AI에게 물어보고 그 결과를 복사해서 붙여넣는 식으로 단순하게 소비될 수 있는 위험성이 있기 때문입니다. 실제로 AI는 갈수록 똑똑해지는데 사용자는 갈수록 멍청해지는 인지 외주화(Cognitive Offloading), 또는 디지털 치매 현상이 생길 수 있지요. 이와 관련해서 인터넷에서 보이는 문구 중에 '인생에서 격차가 나기 시작하는 5가지 순간'이 있는데, 대략의 항목은 다음과 같습니다.

1. 책으로 정보를 습득하고 사유하기 시작할 때
2. 운동을 시작으로 신체뿐만 아니라 정신도 단련될 때

3. 돈을 관리해서 조금이라도 빨리 복리를 이해할 때

4. 하루의 작은 안전을 포기하고 미래를 바라볼 때

5. 양보다는 질로 인간관계에 초점을 맞추기 시작할 때

여기에 "AI를 활용해서 생산하기 시작할 때"를 더하면 매우 적절하게 되겠습니다. AI를 소비하는 데 그치지 않고, AI를 생산의 도구로 삼기 시작할 때 이를 하지 않는 사람과 엄청난 초격차가 나기 시작합니다. 시중에는 AI 활용법에 대한 여러 콘텐츠가 있지만, 실제로 모든 사람이 잘 활용할 수 있는 것은 아닙니다. 다음과 같은 기초 능력들이 있어야 하기 때문입니다.

1. **비판적 사고력(Critical Thinking)**: AI는 똑똑하지만 간혹 잘못된 정보를 줄 수 있습니다. 이를 AI 환각(AI Hallucination)이라고 하지요. 그래서 사용자는 AI가 제공하는 정보에 대해 "이게 정말 맞는가?", "이 정보가 내 상황에 적합한가?"를 판단할 수 있는 능력이 필요합니다.

2. **질문 설계력, 또는 질문 구성력(Prompt Engineering)**: AI는 어떻게 질문하느냐에 따라 답의 질이 달라집니다. 예를 들어 막연하게 "성공하고 싶어요"라고 하면 모든 경우에 해당하는 답을 주어야 하기 때문에 상당히 길고 일반적인 답이 돌아옵니다. 하지만 "20대 직장인이 일과 병행하며 창업할 수 있는 구체적 방법 알려 줘"라고 하면 훨씬 유용한 정보가 나오게 되지요.

즉, AI는 명확하고 구체적인 질문을 좋아하기 때문에, 자신의 구체적 상황, 목적, 제한 조건 등을 함께 말해 주는 게 좋습니다. 문제는, 우리 교육이 외부 지식 습득에 집중한 나머지, 자신의 상황을 객관적이고 구체적으로 파악할 수 있는 메타인지를 길러주는 데 소홀하다는 점입니다.

3. 정보 구조화 능력(Organizing/Structuring): AI는 많은 정보를 주지만, 그걸 자신의 방식으로 정리하고 요약하지 않으면 금방 잊어버리게 되는, 큰 의미 없는 내용이 되어 버리고 맙니다. 자신에게 편리하게 여겨지는 클라우드나 디지털 메모, 또는 디지털 마인드맵 앱을 선택하고 꾸준히 내용을 업데이트해 주는 게 좋습니다. 손글씨로 노트에 기록하는 방식을 선호한다면, 언제 어디서든 꺼내볼 수 있도록 노트를 사진으로 이미지화한 후 이 파일을 올려두는 방법이 있습니다. 다만 자신의 메모 안에서 검색 기능을 활용하기 위해서는 정보들이 이미지보다는 텍스트로 저장되어 있는 것이 유리합니다.

4. 창의적 결합력(Creative Application): AI는 기존의 정보를 바탕으로 답하니까, 사용자가 그걸 어떻게 나만의 방식으로 결합하느냐가 관건입니다. 예를 들어 AI로 마케팅 문구를 뽑은 뒤에는 자신의 브랜드 색깔에 맞춰 조정이 필요합니다. 공부 계획, 진로 설정도 마찬가지지요. 이런 융합적 사고가 AI 활용의 진짜 핵심이라고 볼 수 있습니다.

5. 디지털 리터러시(Digital Literacy): 기술에 대한 기본 이해가 있어야 깊은 질문을 할 수 있고 AI 환각 현상을 방지할 수 있습니다. AI가 어떻게 작동하는지, 개인 정보는 어떻게 보호해야 하는지, 이미지/음성 생성 도구는 어떻게 사용하는지, 이런 디지털 도구들을 능숙하게 다룰 수 있어야 AI의 잠재력을 활용할 수 있습니다.

6. 끈기와 실험정신: AI는 한 번에 완벽한 답을 주지 않습니다. 재질문하고, 수정하고, 실험하면서 점점 원하는 결과에 다가가는 것이 중요하지요. 하지만 게임이나 유튜브 등으로 순간적인 재미를 주로 추구하는 아이들이라면 이런 부분을 극복하기가 어려울 수 있습니다.

질문과 정보를 구조화하는 능력은 뇌의 발달과 밀접한 연관성이 있기 때문에, 책을 자주 읽고 글쓰기와 토론 연습을 꾸준히 해 온 아이들일수록 유리합니다. 반면에 미디어를 자주 본 경우는 언어 노출도가 그만큼 적기 때문에, 갈수록 생각의 구조화가 어렵게 됩니다. 그래서 AI 시대일수록 인문학과 독서를 강조하게 되는 것이지요. 더군다나 AI는 아이디어 제공과 생각을 정리해 주는 데 탁월하기 때문에, 자신의 생각 능력을 빼앗기게 되기 쉽습니다. 첨단 미디어를 잘 활용하기 위해서라도 성장기에는 미디어에서 멀어져야 한다는 역설적인 상황이지요. 이와 관련해서 자세한 사항은 다음 책에서 다루도록 하겠습니다.

한편, AI를 잘 활용할 수 있다면 위 6가지의 요소들이 강화됨은 물론, 이 책에서 제시하는 모든 진로 투어 방식(박람회, 인터뷰, 영화, 드라마, 유튜브, 주식 투자, 자원 봉사, 교과목 등)에 날개를 달아 주는 셈이 됩니다. 매주 정해진 시간에 진로 탐색 시간을 확보하고, 꼬리에 꼬리를 물면서 탐색한 자료를 꾸준히 모아나가면서 연결시킨다면 진로뿐 아니라 세상과 사회, 사람을 알게 되는 데 어마어마한 자산이 될 것입니다.

묻기만 하는 자, 가르쳐서 활용하는 자

AI는 인간처럼 직관이나 배경지식이 없습니다. 따라서 사용자가 먼저 자신의 구체적인 환경을 설명해 줘야, AI가 정확하고 유의미한 조언을 줄 수 있습니다. AI에는 대화 메모리(Conversational Memory), 대화 맥락 유지(Context Awareness/Contextual Understanding), 지속적 메모리(Long-Term Memory) 등의 기능이 있어서, 그때그때 새롭게 시작하는 게 아니라 사용자와 예전에 했던 대화를 기반으로 탐색할 수 있습니다. 진로 찾기에서도 마찬가지입니다. 앞서 설명했던 "꾸물꾸물 조사법"에는 AI가 엄청난 도구가 되지만, 그러기 위해서라도 자신의 환경에 대해 조목조목 '가르쳐야' 합니다. 이를 위해서 다음과 같은 방법을 사용하는 게 좋습니다.

1. **"역할과 맥락" 먼저 알려 주기**: AI에게 "내가 누구인지"를 알려 주는 방법입니다.

예시:

나는 15살의 학생이야. INFP의 기질을 가지고 있어. 학교에서는 사회철학 동아리에 속해 있고, 과목은 국어와 영어를 좋아하지만 수학은 좀 부족한 거 같아. 하지만 이과 쪽 계열이 취업에 유리하다고 해서 그쪽으로 방향이 정해지면 수학을 열심히 공부해서 따라갈 생각이야. 이것저것 구상하고 새로운 아이디어를 떠올리는 데 관심이 많아. 어떤 진로를 택하면 좋을지 구체적으로 추천해 줘.

위 제안에 대한 AI의 답변 예시:

정말 멋진 자기소개예요. 15살에 이렇게 자기 성향과 관심사를 스스로 파악하고 있다는 건 정말 대단한 일이에요! 이제부터는 그걸 바탕으로, 당신에게 어울릴 만한 진로 방향을 구체적으로 추천해 볼게요.

당신에게 어울릴 수 있는 진로 방향 제안

(1) 인문+기술 융합형 진로(Humanities + Tech)

생각이 깊고, 언어감각이 좋으며 창의적인 INFP에게 "사람 중심의 기술" 분야가 잘 맞아요.

추천 분야:

UX/UI 디자이너

: 사람의 심리와 사용성을 고려해 디지털 제품의 구조를 설계

→ 창의성과 공감 능력 + 논리적 사고의 조화

디지털 인문학 연구자/콘텐츠 전략가

: 언어와 철학을 바탕으로 데이터를 해석하거나, 의미 있는 콘텐츠를 기획

→ 사회철학적 감성과 창의성이 발휘됨

HCI(Human-Computer Interaction)

: 인간-기계 상호작용을 연구하는 분야

→ 사람에 대한 관심 + 과학 기술의 융합

(2) 사회 문제 해결형 진로

철학과 사회적 가치에 관심이 많고, "왜"에 대해 생각하는 힘이 있는 INFP에게는 "사람과 사회를 변화시키는 일"도 잘 맞아요.

추천 분야:

사회 혁신가/소셜벤처 창업자

: 사회 문제를 기술이나 아이디어로 해결하는 역할

→ 철학 + 창의력 + 실행력의 조화

정책 기획가/인문 기반 AI 윤리 연구자

: 기술 발전과 사회 가치를 연결하는 브리지 역할

→ INFP의 깊은 가치 고민을 살릴 수 있음

(3) 크리에이티브한 테크+콘텐츠 분야

아이디어 구상에 관심 많다면, 새로운 걸 만들어 내는 직업이 아주 잘 맞습니다.

추천 분야:

창의적 개발자(Creative Coder)

: 예술, 시각, 인터랙션 중심의 개발

→ 수학은 필수지만, 창의적인 감각이 큰 장점이 됨

AI 콘텐츠 기획자/디지털 에디터

: 텍스트, 영상, 스토리텔링을 기획하고 자동화 도구로 실현

게임 기획자

: 세계관, 스토리, 캐릭터, 감정을 연결하는 게임 콘텐츠 제작자

구체적 다음 단계 제안/지금 할 수 있는 활동

📖 **인문+과학 융합 분야 독서**
→ 『과학의 철학』, 『디자인 씽킹』, 『AI 윤리와 인간』 등

💻 **간단한 코딩 체험(Scratch, Python, Notion AI 등)**
→ 창의와 기술을 조합해 보는 작은 실험

✏️ **블로그나 글쓰기 습관**
→ 생각을 표현하는 훈련이 진로에 큰 자산이 됨.

위와 같이 AI가 제시하는 내용들 중에 키워드가 될 만한 단서가 나오면 (UX 디자이너, HCI 등등) 인터넷이나 AI, 또는 유튜브 검색을 통해서 꼬리에 꼬리를 물고 기록하고, 자신에게 더 강하게 다가오는 직종이나 직무를 맨 앞으로 끌고 오면 갈수록 뾰족해지는 진로 성숙도를 이룰 수 있습니다.

2. **"제한 조건"을 알려 주기:** 시간, 환경, 감정, 자원 등 나만의 제한 사항을 함께 말해 주면 좋습니다. 예를 들어 "일주일에 딱 한번 한 시간 정도밖에 시간이 없어. 그 때 진로조사로 할 수 있는 활동을 알려 줘."가 있습니다.

3. **AI에게 "역할"을 맡기기:** 예를 들어 "내 개인 진로 코치라고 생각하고

조언해 줘."가 있습니다.

4. **대화 중 피드백 주기**: AI가 답을 줬을 때, '좋았던 점/부족한 점'을 알려 주면 점점 더 나에게 맞춰진 대화가 가능해집니다. 이렇게 AI에게 나와의 호흡을 '가르쳐 나가면서' 진로를 뾰족하게 할 수 있습니다. 예를 들어 "이런 식으로 구체적인 예를 들어 주는 거 너무 좋아!", "이건 조금 어려운데 더 쉽게 말해 줘", "이전에 말한 내 일정이 반영되면 더 좋을 것 같아"와 같습니다.

5. **장기적 대화는 "요약"으로 이어가기**: 긴 대화의 맥락을 이어가고 싶을 땐, 중간 중간 요약을 시키고 저장해 두면 좋습니다. 예를 들어 "지금까지 이야기한 나의 생활 루틴을 요약해 줘", "이 대화의 핵심을 정리해서 메모 형식으로 알려 줘", "이걸 기반으로 다음 대화에서 이어가자고 기억해 줘" 등입니다.

6. **AI로 하는 진로 성숙도 게임하기**: 이용해 가상의 직업 인터뷰를 해 보는 것도 좋습니다. 예를 들어 "나는 UX 디자이너를 꿈꾸는 고등학생이야. 나에게 질문을 해 줘"라고 하면 인공지능이 요리사로서 필요한 자세나 습관을 묻는 질문을 던져주고, 자연스럽게 그 분야에 필요한 요소들을 익히게 됩니다. 마치 롤플레잉 게임을 하듯, 놀이처럼 진로를 탐

색하는 과정이지요. 아래는 앞의 제시문에 대한 AI의 답변 예시입니다.

AI 의 답변 예시: UX 디자이너를 꿈꾸는 당신에게 드리는 10가지 질문

💡 [자기이해]

왜 UX 디자이너가 되고 싶다고 느꼈어?

→ 그 순간을 떠올려볼래? 어떤 장면이 인상 깊었는지.

내가 어떤 문제를 마주했을 때 가장 해결하고 싶은 감정은 뭐야?

→ 불편함? 혼란? 지루함? 외로움?

🎨 [관찰력과 감각]

요즘 자주 쓰는 앱 중, "이건 진짜 UX 잘됐다"라고 느낀 게 있다면? 왜 그렇게 느꼈어? 반대로, 너무 불편하거나 이해가 안 됐던 서비스는 뭐였어?

→ "이걸 내가 리디자인한다면 어떻게 바꿀까?"를 상상해 봐.

🧩 [사고력과 창의성]

어떤 문제를 볼 때, 나는 보통 감정적으로 공감해? 아니면 구조적으로 분석해?

→ UX 디자이너는 둘 다 필요하니까, 스스로의 성향을 이해하는 게 중요해.

하루 중 가장 자주 사용하는 디지털 도구에서 'UX'를 1점~5점으로 평가

한다면, 이유는 뭐야?(학교 앱, 스마트폰 설정, 카카오톡 등)

✂️ [학습과 성장]

디자인 툴(Figma, Canva 등)을 써본 적이 있다면, 어떤 작업이 가장 재밌었어?

→ 없다면 어떤 툴을 먼저 써보고 싶어?

지금까지 한 활동 중, "UX적인 사고"가 들어간 경험이 있다면?(학교 행사 기획, 포스터 만들기, 친구들 편의를 위한 제안 등)

🚀 [미래를 향한 질문]

앞으로 1년 동안 UX 디자이너로 성장하기 위해 하고 싶은 프로젝트가 있다면?

→ 예시로는 "학교 홈페이지 리디자인", "나만의 앱 프로토타입 만들기"가 있어.

UX 디자인을 통해 어떤 사람들의 불편을 줄여 주고 싶어?

→ 어린이? 노인? 학생? 장애인? 혹은 그냥 '나 같은 사람'?

위와 같은 답변을 통해 내가 미처 생각하지 못하던 부분이 나오면 역시 이를 메모에 추가해 넣고 꾸준히 점검해 보도록 합니다. 이 외에도 막막함을 느낄 때마다 AI와 의논하면, AI는 정답을 주기보다는 방향을 잡도록 도

외줄 수 있습니다. "나는 수학을 좋아하지만, 사람들과 소통하는 것도 좋아해. 어떤 진로가 좋을까?"라고 물어보면, AI는 '데이터 분석가', 'UX 디자이너', '수학교육 콘텐츠 기획자' 등 다양한 직업을 제안하면서 스스로 방향을 좁혀가도록 이끌어 주게 될 것입니다.

주식 투자로 진로 투어를

아이들이 시험에서 기대에 미치지 못하는 성적을 받았을 때, 흔히 "그러게 공부 좀 하라니까!"라는 말이 나올 수 있습니다. 그러나 엄밀히 말하자면 이 표현은 정확하지 않습니다. 아이의 낮은 점수가 오직 공부량 부족 때문만은 아니기 때문입니다. 예를 들어, 30점이 감점되었다면 그 중 15~20점은 공부가 부족해서 일어났을 수 있지만, 나머지 10~15점은 잘못된 풀이 습관, 즉 문제를 잘못 읽거나 보기를 끝까지 보지 않아 함정에 걸린 것과 같은 실수 때문일 때가 많습니다. 아이들은 흔히 '이거다' 싶은 보기에 꽂혀 다른 보기를 보지 않거나, 설령 보더라도 자신의 판단을 바꾸지 못하고 함정에 빠지게 됩니다. 반면에 문제를 잘 푸는 아이들은 '이거다' 싶은 보기를 체크만 해 두고 모든 보기를 검토한 뒤, 두 개 이상의 후보를 비교하여 최종적으로 답을 선택합니다. 이러한 습관이 함정에 빠지지 않고 정답률을 높이는 방법입니다.

진로 탐색에서도 마찬가지입니다. '이거다' 싶은 직업에 꽂혀 있으면 다른 보기를 보지 않는 실수를 범하게 됩니다. 주변 인물과의 인연에서 출발하거나 학교 교과목에서 첫 단추를 꿰는 방식으로 진로를 시작하는 것은 좋습니다. 그러나 이 시점에서 진로를 결정해버리면 두 가지 문제가 발생할 수 있습니다.

첫째, 더 좋은 적합성을 가진 진로 탐색의 기회를 주변의 익숙한 인연 때문에 놓칠 수 있습니다.

둘째, 주변 인연이나 교과목을 통한 진로는 다른 아이들도 쉽게 접근할 수 있는 '넓은 길'이기 때문에 그에 비해 지나치게 높은 경쟁률을 감수해야 할 때가 많습니다.

따라서 진로 탐색에서도 문제 풀이처럼 마지막 보기까지 검토하는 과정이 필요합니다. 더 나아가, 이 과정에서 흥미와 성취 욕구를 자극할 수 있다면 더욱 효과적일 것입니다. 이러한 점에서 주식 시장을 통한 진로 탐색은 매우 효과적인 방법일 수 있습니다. 주식 시장은 기업 생태계와 그 움직임을 한눈에 볼 수 있는 방대한 자료의 보고로, 마치 문제의 보기항 1번부터 5번까지를 한꺼번에 볼 수 있는 유일한 기회라고 할 수 있습니다. 다만 이를 잘 활용하기 위해서는 '볼 줄 아는 눈'을 길러주는 과정이 필요합니다.

물론 주식 시장에 대한 가정의 가치관이나 부모의 방침에 따라 이 방법이 모든 이에게 적합한 것은 아닐 수 있습니다. 하지만 평생직장이 점점 사라지는 현대 사회에서 투자 교육은 필수적인 요소가 될 것입니다. 학교에서 배우는 경제 과목은 이론 중심으로 구성되어 있어 실제 투자와는 거리가 있습니다. 따라서 투자 교육은 성교육처럼 인식되어야 합니다. 어차피 경험하게 될 세계라면 올바르게 가르쳐 제대로 접근할 수 있도록 해야 합니다. 최근 주식과 코인 투자 열풍으로 대학생이나 청년들이 잘못된 투자로 큰 손실을 보는 경우가 많았습니다. 따라서 투자를 금지시키기보다는 제대로 된 방법으로 가르쳐 위험을 방지하고 생산적인 투자자가 되도록 하는 것이 중요합니다. 실제로 금융감독원, 기획재정부, 서민금융진흥원, 전국투자자교육협의회, 삼성증권, KB 국민은행 등은 초·중·고등학생을 대상으로 경제 및 투자 교육을 실시하고 있습니다. 이를 바탕으로 보면, 주식 투자 교육은 아이들이 사회에 나가기 전에 준비하는 것과 동시에 현재 진로교육의 좋은 기회가 될 수 있습니다.

청소년 주식 계좌 개설은 생각보다 간단합니다. 다만 아이들이 수익률이나 금액에 지나치게 신경 쓰는 성향이 있으므로 몇 가지 안전장치가 필요합니다. 부모가 큰 금액을 아이의 계좌에 넣어 주거나 매수·매도 타이밍을 알려 주는 방식으로 수익률을 높이는 것은 매우 위험합니다. 사람은 잘되면 자신의 능력 덕분이라 생각하고, 잘못되면 외부 탓으로 돌리려는 경향이 있습니다. 계좌에 찍힌 금액이 아이들에게 자신의 능력으로 인식된다면, 투기 성향이 강해지고 노동의 가치를 가볍게 여길 수 있습니다. "평생 놀면서 돈 버는 기술"로 인식하게 되는 것입니다. 실제로 청년들이 자주 찾는 주식 및 코인 커뮤니티에서는 이러한 잘못된 자세를 많이 볼 수 있습니다. 따라서 올바른 투자 교육이 성교육처럼 필요한 이유입니다.

투자 교육의 목표는 시장의 흐름을 이해하고 장기적인 시야를 갖게 하는 것입니다. 특히 특정 분야의 시장을 오랜 기간 관찰하는 것이 주식 진로 투어입니다. 그러므로 청소년 시기에는 개별 종목을 매수하는 대신, 자녀가 관심을 가지는 산업 전체를 반영하는 ETF 종목 투자로 시작하는 것이 좋습니다. 어디까지나 교육이 목적이므로 단타처럼 빠르게 매매하는 방식은 지양해야 합니다. 이렇게 하면 구체성은 다소 떨어질 수 있지만, 아이들이 금액 자체에 자극을 받기 때문에 관심은 꾸준히 유지될 수 있습니다. 이후 특정 회사에 깊은 관심을 가지고 지속적으로 관찰한다면, 신중하게 개별 종목 투자로 확장해 볼 수도 있을 것입니다. 다음은 보다 구체적인 실행 방안입니다:

1. 주식 계좌 앱 설치: 아이들이 자주 앱을 들여다보면 투기 성향이 늘어날 수 있습니다. 따라서 부모의 스마트폰에 설치하고, 약속된 시간(매월 1일 또는 매주 일요일 아침 등)에만 추세를 확인하는 방식이 좋습니다. 또는 아이

의 기기에 설치하되 앱 잠금이나 아이지키미 서비스 등을 통해 허락된 시간에만 확인할 수 있도록 합니다.

2. 관심사에서 출발하기: 문제 풀이로 비유하자면, 보기항 1번부터 시작하는 것입니다. 관심 분야에 대해 어느 정도 이해하게 되면 그 후부터는 관심이 없던 영역을 하나씩 살펴보게 합니다. 이 과정을 통해 5번 보기항까지 검토하는 방식입니다. 우리 가정의 경우, 우주항공, 방위산업, 반도체 등의 ETF에 투자하다가 아이의 관심이 깊어지면서 KAI(한국항공우주산업주식회사), 삼성전자, 삼성바이오로직스 등 개별 종목에 투자하게 되었습니다.

3. 동기 부여 방안 마련하기: 아이의 용돈 50%와 부모의 장려금 50%로 시작하는 것도 좋은 방법입니다. 다만 금액이 적절해야 합니다. 가정마다 기준은 다르겠지만, 너무 많은 금액을 넣으면 투기 성향이 강해지고, 너무 적은 금액을 넣으면 관심이 줄어들 수 있습니다.

4. 기업 정보 조사 유도하기: 아이가 기업 정보를 더 조사하도록 유도하기 위해 네이버 증권(https://finance.naver.com)과 같은 간편한 자료를 활용합니다. 더 깊이 들어가고 싶다면 딥서치(https://www.deepsearch.com)가 매우 유용합니다. 이 사이트의 산업분석 메뉴에서는 산업에 속한 기업들의 재무 정보와 함께, 아이들이 궁금해하는 직원 연봉도 잘 소개되어 있습니다.

관련 뉴스도 제공되어 있어 꼬리에 꼬리를 무는 조사 방식으로 진로 노트를 작성하기에 좋습니다. 전자공시 시스템(http://dart.fss.or.kr/)도 배경지식이 늘어나면 참조하기 좋은 자료입니다.

주식이나 경제 관련 사이트를 참조하다 보면 생소한 용어들이 종종 등장합니다. 이럴 때 아이들이 '어린이 경제교실' 같은 수업을 들어야 한다고 생각하기 쉽지만, 문해력이 뒷받침되어 있다면 그때그때 하나씩 찾아가며 진로 노트에 기록하고 익히는 것이 더 효과적입니다. 아이가 어려워할 때는 함께 찾아보면서 설명해 주고, 진로 노트 작성을 마친 후에 아이가 좋아하는 것으로 보상해 주며 이를 강화하는 방법도 좋습니다.

경제 용어나 개념을 전반적으로 학습하고 싶다면 여러 공신력 있는 기관에서 제공하는 교육 자료를 활용하는 것도 좋은 방법입니다. 예를 들면, 한국은행 누리집(www.bok.or.kr)의 경제교육 자료, 어린이 국세청(kids.nts.go.kr), 서민금융진흥원의 금융교육포털(edu.kinfa.or.kr)의 어린이 대상 프로그램, 기획재정부 경제배움이(www.econedu.go.kr), 기획재정부 어린이 경제교실 누리집(kids.moef.go.kr) 등이 있습니다. 좋은 교육 자료는 많지만, 중요한 것은 아이의 에너지를 조절하고 관리하는 일입니다. 학원 숙제가 끊임없이 이어지는 상황에서는 경제 교육과 진로 노트 작성이 또 다른 부담스러운 '숙제'로 여겨질 수 있기 때문입니다. 그래서 어릴 때부터 미디어를 적절히 조절하고, 문해력을 향상시키며 학원에서 독립된 삶을 살아야 한다고 주장하는 이유가 여기에 있습니다.

또한, 가족 여행을 투자 진로 탐색과 결합하여 더욱 현실적인 체험을 유도할 수 있습니다. 예를 들어, 자녀가 투자하고 있는 산업의 주요 기업을 직접 방문해 보는 것입니다. 우리 가정의 경우 삼성바이오로직스(송도), 한화시스템(대전) 등을 방문하며 주변의 가볼 만한 곳도 함께 찾아다니는 방식으로 여행을 다녀온 사례가 있습니다.

오늘날 아이들은 일 자체보다 돈에 더 많은 관심을 보입니다. 무슨 일을 하고 싶은지는 몰라도 돈을 많이 벌고 싶다고 이야기하는 경우가 많습니다. 부모의 입장에서는 이러한 모습을 염려하게 되지만, 반대로 생각해 보면 이러한 욕구를 진로 탐색의 에너지로 활용할 수 있습니다. 예수님도 "네 보물이 있는 곳에 네 마음이 있다"(마 6:21)고 말씀하셨듯이, 자신의 돈이 들어가고 그 추세가 계속 변한다면 아이들은 자연스럽게 그 부분에 지속적인 관심을 갖게 됩니다. 주식 시장을 통한 진로 탐색은 기업과 산업에 대한 이해를 돕고, 경제와 경영의 원리를 체험적으로 배울 수 있는 좋은 방법이 될 수 있습니다. 이를 통해 아이들이 단순히 직업을 선택하는 것이 아니라, 그 직업이 속한 환경과 생태계를 이해하고, 자신의 미래를 설계하는 데 보다 주체적인 태도를 기를 수 있습니다.

자원 봉사로 진로 투어를

    진로 탐색을 통해서 어느 정도 관심 있는 진로가 생겼고, 그 분야와 관련된 자원봉사가 있다면 적극적으로 신청해서 경험해 보는 것이 좋습니다. 자원봉사는 진로 탐색에 있어 실질적인 현장 체험의 기회를 제공하기 때문에 매우 효과적인 방법입니다. 다양한 직업 현장에서 실제로 일하면서 해당 직업의 구체적인 모습과 요구되는 역량을 직접 경험할 수 있어, 진로에 대한 이해를 깊이 있게 만들어줍니다.

    진로와 관련된 자원봉사 정보를 얻기 위해서는 여러 가지 온라인 및 오프라인 경로를 활용할 수 있습니다. 다음은 자원봉사 정보를 얻을 수 있는 주요 경로입니다.

1. 1365 자원봉사 포털(www.1365.go.kr)

대한민국 공식 자원봉사 포털로, 전국의 자원봉사 정보가 모여 있습니다. 지역별, 관심 분야별로 검색이 가능하며, 청소년을 위한 다양한 자원봉사 프로그램도 제공됩니다. 의료, 환경, 교육 등 진로와 관련된 자원봉사를 쉽게 찾을 수 있습니다.

2. VMS(Volunteer Management System) (www.vms.or.kr)

보건복지부가 운영하는 자원봉사 포털로, 특히 복지와 관련된 다양한 자원봉사 활동 정보를 제공합니다. 의료나 사회복지 분야에 관심이 있는 학생들에게 유용한 자원봉사 정보를 찾을 수 있습니다.

3. 1365와 연계된 각 지역 자원봉사센터

각 지역의 자원봉사센터에서 운영하는 홈페이지나 사무실을 방문하면 지역 내에서 진행되는 다양한 자원봉사 정보를 얻을 수 있습니다. 특히 지역 내 학교와 연계한 프로그램, 병원이나 복지관과 협력한 활동들을 확인할 수 있습니다.

4. 대학 및 학교의 커리어 센터

고등학교, 대학교의 커리어 센터에서 자원봉사와 관련된 정보를 제공하는 경우가 많습니다. 진로 탐색의 일환으로 자원봉사 프로그램을 추천하거나, 특정 분야의 진로와 관련된 봉사 기회를 알선해 줍니다.

5. NGO 및 NPO 단체의 공식 웹사이트

환경, 인권, 의료, 교육 등 특정 주제에 초점을 맞춘 NGO(비정부기구)나 NPO(비영리기구)의 웹사이트를 방문하면 해당 분야와 관련된 자원봉사 기회를 확인할 수 있습니다.

(1) 환경 분야: 환경운동연합, 그린피스 코리아 등의 환경 단체에서 진행하는 자원봉사 프로그램

(2) 의료 분야: 적십자사, 사랑의 병원 등의 의료 지원 봉사 프로그램

(3) 사회복지 분야: 굿네이버스, 세이브더칠드런 등에서 진행하는 사회복지 자원봉사

6. 서울시 자원봉사센터(https://volunteer.seoul.go.kr)

서울시 자원봉사센터는 서울 지역 내 자원봉사 활동을 모아놓은 플랫폼으로, 진로와 관련된 여러 분야의 자원봉사 정보를 제공합니다. 서울뿐만 아니라 각 광역시나 도에서도 유사한 자원봉사 센터를 운영하고 있어 해당 지역 정보를 얻을 수 있습니다.

7. 복지관 및 병원

지역 복지관이나 병원에 직접 연락해 봉사 기회를 문의할 수도 있습니다.

복지관에서는 사회복지, 상담, 프로그램 운영 보조 등 다양한 활동에 참여할 수 있으며, 병원에서는 의료 관련 봉사 경험을 쌓을 수 있는 기회를 제공하기도 합니다.

8. 청소년 봉사단체

푸른나무 청예단, 한국청소년봉사단체협의회와 같은 청소년 전용 봉사단체에서 운영하는 봉사활동을 통해 다양한 경험을 쌓을 수 있습니다. 이런 단체들은 교육, 환경, 사회복지 등 다양한 주제로 봉사 기회를 제공하며, 진로 탐색과도 연계될 수 있는 활동을 찾을 수 있습니다.

9. 복지로(www.bokjiro.go.kr)

보건복지부에서 운영하는 복지로 웹사이트에서도 봉사활동 관련 정보를 제공하며, 복지 시설 및 프로그램과 연계된 자원봉사 기회를 찾을 수 있습니다. 사회복지와 관련된 진로를 생각하고 있는 학생들에게 적합한 정보가 될 것입니다.

10. 국제 자원봉사 사이트

국제 자원봉사 단체들은 국내 활동뿐 아니라 해외 자원봉사 기회도 제공합니다. 진로와 관련된 국제 경험을 쌓고 싶다면, 다음 예시를 참고하는 게 좋습니다.

(1) AIESEC: 청소년 리더십과 국제 교류 봉사를 통해 글로벌한 진로 탐색 경험을 제공합니다.

(2) IVHQ (International Volunteer HQ): 다양한 분야에서의 국제 자원봉사 기회를 제공합니다.

(3) UN Volunteers(https://www.unv.org/): 유엔 자원봉사 기회는 글로벌한 시각에서 다양한 분야를 체험할 수 있는 기회를 제공합니다.

11. 각종 포털 사이트와 커뮤니티

네이버, 다음 등 포털 사이트에서 자원봉사 카페를 검색하거나, 커뮤니티 사이트에서 지역별 자원봉사 기회를 찾을 수 있습니다. 예를 들어 네이버의 '자원봉사와 나눔'과 같은 카페를 통해 다양한 자원봉사 정보를 쉽게 접할 수 있습니다.

교과목으로 진로 투어를

학교에서 배우는 교과목은 진로 탐색의 기회가 될 수 있습니다. 많은 학생들이 교과목에 따라 자연스럽게 문이과 성향을 결정하고, 대학에서 선택할 전공을 정하게 됩니다. 하지만 이러한 방식이 진로 성숙도를 낮추는 원흉이 되기도 합니다. 산업 현장은 학교의 교과목에 모두 담을 수 없기 때문입니다. 대학생들 역시 교과목이나 전공에 갇혀서 진로에 대한 경직된 사고를 하게 됩니다. 예를 들어 국어국문학과를 나왔다고 하면 국어 교사, 기자, 출판 편집자, 카피라이터, 작가, 콘텐츠 크리에이터를 떠올리는 식입니다. 이런 방식은 일반적인 진로 사이트에서 많이 볼 수 있는데, 실제 진로나 취업에는 거의 도움이 안 되거나, 오히려 방해가 되기까지 합니다. 4차, 5차 산업시대에는 갈수록 융합이 중요해지고 기존의 일자리가 수시로 없어지고 새로운 일자리가 생기면서 획획 변화하는데, 그 와중에 학과에 매인 사고를 해서는 전혀 유연성과 적응력을 갖기 어려울 것이기 때문입니다. 이 책에서 '교과목을 통한 진로교육'이라는 내용을 가장 마지막에 둔 이유이기도 합니다.

그러나 진로 탐색이 너무 멀게 느껴진다면, 학교에서 배우는 교과목이야말로 학생들이 가장 먼저 접하게 되는 진로의 실마리가 되기도 합니다. 사실, 자신이 좋아하거나 잘하는 교과목은 그만큼 자신의 적성(aptitude)에 맞을 가능성이 높습니다. 'Aptitude'는 'be apt to', 즉 무언가를 쉽게 할 수 있다는 의미에서 파생된 단어입니다. 어떤 교과목이 다른 학생들에 비해 나에게 더 쉽게 다가온다거나 그 내용을 배우는 것이 특별히 더 재미있다면, 그 점에서부터 자신의 진로를 탐색하는 것이 좋은 출발점이 될 수 있습니다. 단, **교과목은 출발점이 되어야 할 뿐, 도착점은 출발점에서 멀어질수록 진로 성숙도가 높아진다는 걸 명심해야 합니다.**

예를 들어 경제학에 흥미가 있는 학생이라면, 단순히 경제 문제를 푸는 것이 재미있거나, 경제 이론을 배우는 과정에서 자신이 다른 학생들보다 수월하게 느낄 수 있을 것입니다. 이런 경우, 학생들은 "경제학과에 진학해서 경제학자가 되어야겠다" 또는 "경제 선생님이 되면 좋겠다"라고 생각할 수 있습니다. 이처럼 교과목과 관련된 학과나 직업을 떠올리는 것이 자연스럽습니다. 하지만 여기서 멈추지 말고, 진로 성숙도를 더 심화시키는 과정이 필요합니다.

경제학을 좋아한다고 해서 단순히 경제학자나 교수를 목표로 삼기보다는, 유튜브나 기타 미디어를 통해 경제와 관련된 다양한 직무들을 찾아보고, 그 과정에서 나에게 맞는 직무를 탐색해 나가는 것이 중요합니다. 예를 들어, 금융 분석가, 정책 연구자, 컨설턴트, 투자 전문가 등 다양한 직업군을 접하면서, 내가 진정으로 관심이 있는 분야가 무엇인지 확인하고 아닌 것은 소거해나가는 방식으로 탐색하는 것입니다. 앞서 말한 대로 이걸 시작으로 삼고, 다른 분야로도 폭넓게 꼬리에 꼬리를 물면서 조사해 나가는 시작점으로 삼는 겁니다.

물론 수학을 좋아하니 수학과를 선택하거나 수학 교사, 교수가 되는 사람이 분명히 있습니다. 하지만 '첫 번째 선택'이기 때문에 필요 이상으로 많은 사람이 이 길을 선택하고, 따라서 '가성비'가 좋지 않은 선택이 될 수 있습니다. 대다수에게 있어 수학적 사고를 발휘할 수 있는 직업군은 매우 다양합니다. 예를 들어, 데이터 분석가, 인공지능(AI) 연구원, 금융 공학자 등 다양한 분야에서 수학적 능력을 필요로 합니다. 아니면 응용물리, 더 나아가서 기계공학, 더 깊숙이 들어가서 메카트로닉스 식으로 확장되는 게 좋습니다. 이러한 산업 현장에서의 구체적 직무들을 찾아보고, 그에 필요한 역량이 무엇인지 이해하는 과정을 통해 진로를 구체화할 수 있습니다.

좋아하는 것보다 잘하는 것

몇 번이고 강조하지만 교과목에 따라 자연스럽게 떠오르는 직업 리스트들이 대부분 첫 번째 선택에 그칠 가능성이 높다는 점을 유의해야 합니다. 내가 좋아하는 것이 반드시 직업이 될 필요는 없다는 점을 인식하고, 좋아하는 것과 잘하는 것을 구분하며 보다 현실적이고 지속 가능한 선택을 해야 합니다. 많은 경우 좋아하는 것보다는 잘하는 것이 더 나은 선택이 될 수 있는데, 그 이유는 다음과 같습니다.

1. 내가 지금 좋아하는 것이 시간이 지나면서 바뀔 수 있습니다. 예를 들어, 고등학교 때 좋아했던 운동이나 취미가 성인이 되면서는 더 이상 큰 흥미를 끌지 않을 수 있습니다.
2. 내가 좋아하는 건 다른 사람들도 좋아할 가능성이 크고, 따라서 경쟁이 치열해집니다. 어릴 때 동물을 좋아하는 아이들이 많으니 수의사, 동물 사육사를 꿈으로 삼는 경우가 많은 예와 같습니다.
3. 자전거를 매우 좋아하는 사람이 있다고 가정해 봅시다. 이 사람이 자전거와 관련된 일을 하고 싶어 하지만, 자전거 선수가 되어 수익을 얻기는 매우 어렵습니다. 선수로서 성공하려면 뛰어난 재능과 엄청난 노력이 필요하고, 그마저도 수익을 보장받기 어렵기 때문입니다. 따라서 현실적으로 자전거 관련 직무로는 자전거 정비, 판매 또는 자전거 투

어 기획 등으로 직업을 선택하는 것이 더 나을 수 있습니다.

하지만 여기서 중요한 점은 자전거가 반드시 수익을 내야 할 필요는 없다는 것입니다. 이 사람에게 있어서 자전거는 에너지를 주는 원천으로 남겨두고, 자신이 잘하는 다른 일로 수익을 올리는 게 현명합니다. 이 사람이 마케팅을 잘한다면 마케터로서 수입을 올리면서 삶의 안정성을 추구하고, 자전거는 그의 삶에 활력을 주는 에너지원으로 사용할 수 있는 것입니다.

실제로 A라는 사람은 어려서부터 작가가 되는 꿈을 꾸었습니다. 글을 쓰는 것이 좋았고, 작가로 성공해서 사람들에게 영향을 미치는 것이 인생의 목표였습니다. 하지만 작가로서 생계를 유지하는 것이 현실적으로 어렵다는 것을 알게 되었습니다. 출판계의 경쟁이 치열하고, 고정적인 수입을 얻기 어려운 환경이었기 때문입니다. 그래서 A씨는 자신이 잘하는 영어를 살려 영어 강사로 먼저 직업을 선택했습니다. 영어 강의를 통해 안정적인 수입을 올리면서 가정을 꾸리고, 경제적으로 안정된 상황에 오른 후에, 그는 자신의 꿈이었던 작가로서의 삶을 조금씩 시작할 수 있었습니다.

이처럼, 진로 탐색에서 중요한 것은 좋아하는 것이 반드시 직업으로 연결될 필요가 없다는 점입니다. 잘하는 것을 통해 안정적인 수익을 올리면서, 좋아하는 것을 취미나 에너지원으로 삼는 것이 더 현실적이고 지속 가능한 선택일 수 있습니다.

    교과목을 통해 떠오르는 첫 번째 선택들은 때로는 현실적으로 경쟁이 치열하거나 수익을 보장하기 어려운 직업일 수 있습니다. 그렇기 때문에 진로를 탐색할 때는 내가 잘하는 것을 기반으로 선택하는 것이 더 나은 방법일 수 있으며, 좋아하는 것은 삶의 에너지원으로 남겨두는 것이 좋습니다. 교과목이 주는 진로 탐색의 실마리를 출발점으로 삼되, 더 깊이 탐구하면서 나만의 길을 찾아가는 것이 진정한 진로 성숙도를 높이는 방법입니다. 교과목은 진로 탐색의 첫 단추일 뿐이며, 그 흥미를 바탕으로 다양한 미디어와 정보를 통해 진로를 구체화하고, 자신에게 맞지 않는 것들을 소거하면서 진정으로 원하는 직무와 직업을 찾는 것이 최종 목표가 되어야 합니다. 이렇게 접근할 때, 교과목은 학생들이 꿈을 발견하고 실현해 나가는 강력한 도구가 될 수 있습니다.

미리 탐색하고, 인연을 따라가고

삶은 거대한 여정 즉 그랜드 투어, 그란 투리스모입니다. 그 여정에서 우리는 여러 갈림길을 마주하게 되고, 때로는 가고자 하는 길이 확실하지 않을 때도 있습니다. 칠흑 같은 바다에서 한줄기 희미한 별빛을 단서로 삼아 항해해야 하는 상황, 참 불편하고 피하고 싶은 상황이지만 알고 보면 이게 삶의 본질입니다. 이걸 이해하고 받아들일 수 있다면, 여유롭게 별빛을 감상할 수 있는 여유도 생길 것입니다. 진로를 선택하는 과정 역시 이와 비슷합니다. 단번에 완벽한 선택을 할 수는 없습니다. 대신 여러 모호한 상황, 갈림길을 경험하면서 우리는 점차 자신에게 맞는 길을 찾아 나갑니다.

이 책에서 진로 탐색의 면면을 살펴보았습니다. 좋아하는 것이 직업이 될 필요는 없으며, 오히려 잘하는 것에서 출발하는 것이 더 안정적이고 지속 가능한 선택이 될 수 있다는 점을 강조했습니다. 이 과정에서 주의해야 할 것은 단순히 즉흥적으로 떠오르는 꿈이나 직업을 꿈으로 고정시키는 오류입니다. 사람들이 "꿈이 뭐냐"라는 질문을 받으면, 어설프게 대답했던 직업이 점점 나의 꿈으로 굳어지는 경우가 많고 대학 진학 시 점수에 맞춰 학과를 획획 바꾸고, 그 선택이 맞지 않으면 반수, 재수라는 테크트리를 밟는 것도 흔한 일입니다. 그렇게 어렵사리 대학에 들어가도, 그 이후에 산업계에 대한 이해 없이 전혀 관련 없는 일이나 조건이 맞지 않는 일을 하게 되는 일이 빈번합니다.

문제(problem)를 마주할 때, 그것을 앞으로 나아가는 기회로 삼는 것은 진로 탐색의 핵심입니다. 문제는 해결해야 할 골칫거리가 아니라, 우리를 앞으로 전진하게 하는 도구입니다. 부족한 교과목 성적이나 부모의 재정적 긴축 상황 역시 진로 탐색에서 마주하는 문제일 수 있습니다. 그러나 이 문제를 기회로 삼아 부모와 아이 모두가 서로의 시각을 넓히고 진로라는 새로운 가능성을 바라볼 때, 성적이나 당장의 걱정에 매몰되던 관점이 완전히 달라질 수 있습니다.

클래식과 재즈는 반대 성향을 띕니다. 클래식은 철저히 준비된 연주입니다. 수많은 연습을 통해 악보에 적힌 그대로 완벽하게 연주하는 것을 목표로 하며, 체계적으로 계획하고 준비하는 것이 중요합니다. 이것이 바로 우리가 진로를 탐색할 때 사전에 준비된 계획과 목표를 설정하는 방식에 해당합니다. 반면에, 재즈는 즉흥적인 유연성(improvisation)을 중시합니다. 상황에 따라 달라지는 흐름을 따라 즉석에서 연주를 만들어 내는 능력이 필요하며, 인연과 순간의 감각을 활용하는 것이 특징입니다. 재즈의 이 자유로움은 진로에서도 유연하게 변화하고 적응하는 자세로 볼 수 있습니다.

MBTI로 보자면 클래식은 계획을 중시하는 J형, 재즈는 순간적인 대응을 중시하는 P형에 해당합니다. 그러나 진정한 진로의 성공적인 흐름은 이 두 가지를 외줄타기처럼 균형 있게 조율할 때 찾아옵니다. 미리 철저히 준비한 계획과 체계적인 연습(클래식)이 필요하면서도, 예상치 못한 기회와 인연에 유연하게 대응하는 능력(재즈)도 함께 갖추어야 합니다. 진로에서 중요한 것은 이 두 가지 균형을 맞추는 능력입니다.

진로란 수입을 얻기 위한 직업 선택인 동시에 내가 세상에서 어떤 역할을 할지, 내 삶을 어떻게 의미 있게 만들지에 대한 결정이기도 합니다. 그렇기 때문에 청년기뿐만이 아니라 살아 있는 한, 모든 관계와 인연에서 끊임없이 고민하고 탐색해야 합니다. 때로는 내가 선택한 길이 아닌데 갑작스레 다가오는 인연에 적응하는 유연성도 필요합니다. 그 과정에서 새로운 가능성이 열리고, 새로운 삶이 생길 수 있기 때문입니다. 당연히 준비되지 않았고, 부족한 점이 많습니다. 전혀 부끄러울 게 아닙니다. 그동안 다른 부분에 몰두하고 있었고, 따라서 새로운 영역을 모르는 게 당연하니까요. 필요를 인지한 때부터 부지런히 정보를 모으고 덤벼들면 됩니다. 다만, 좀 더 미리 살펴보고 체계적으로 준비한다면 클래식과 재즈의 융합처럼 기분좋은 선을 따라갈 수 있습니다.

부록

책상 위가 아니라, 삶 속에서 찾는 진짜 진로 이야기

주식 투자, 박람회, AI까지!
아이의 관심을 진로로 연결하는 실천 노트

목차

1. 에나지의 진로 투어 사례   003

2. 초등학생 진로 투어 노트 설명서   033

3. 진로 투어 노트 예시   061

에나지의
진로 투어 사례

01 박람회로 진로 투어를

우리 가족은 시간이 될 때마다 다양한 박람회를 방문하곤 한다. 특히 똘망군(아들)의 관심 분야에 대한 박람회뿐만 아니라, 다른 주제의 박람회도 기회가 될 때마다 다녔다.

어느 날, 군인 지인께서 똘망군이 무기에 관심이 많다는 것을 알고, 국방과학기술원에서 매년 정기적으로 전시회를 연다는 정보를 주셨다. 그래서 온 가족이 박람회장으로 가게 되었다.

다양한 부스가 준비되어 있었고, 그중에는 아이들이 체험할 수 있는 부분도 많이 있었다. 똘망군은 눈이 휘둥그레진 채 각 부스를 돌아다니며 자신이 알고 있는 것을 쏟아 내기도 하고, 궁금한 것을 물어보기도 했다.

우리는 주로 인기가 많은 곳보다는 사람들이 몰리지 않는 곳을 방문했다. 사람들이 많은 곳에서는 궁금한 부분을 질문하기 어렵고, 대우도 잘 받지 못하기 때문이다.

어느 날, 포탄 전쟁 로봇이 전시된 부스에 머쓱하게 서 있는 병사 연구원 분이 계셨다. 똘망군이 연구원에게 다가가 질문했다. "포탄을 쏘면 반발력이 나올 텐데, 그 충격은 어디서 흡수하나요?" 연구원은 깜짝 놀라며 "어떻게 초등학교 3학년짜리가 그런 질문을 할 수 있나요?"라고 감탄했다. 실제로 그 질문은 중고등학생들도 잘 생각하지 못하는 영역이라며 연구원께서 크게 칭찬해 주셨다.

그때 우리는 똘망군이 무기에 관심이 많다는 것은 알고 있었지만, 그렇게 심도 있는 수준까지 도달한 줄은 몰랐다. 이때 많은 부모들은 전문가의 말을 흘려듣기 쉽다. 하지만 아이의 반응과 전문가의 이야기를 잘 들어야 한다. 이는 아이에게 어떤 방향으로 길을 내줄지 결정하는 데 도움이 되기 때문이다.

에나지의 꿀팁

다양한 박람회 방문

아이의 관심 분야뿐만 아니라 다양한 주제의 박람회를 방문해라.
다양한 경험을 통해 아이의 흥미와 재능을 발견할 수 있다.

체험 활동 참여

박람회에서 제공하는 체험 활동에 적극적으로 참여해라.
직접 체험해 보는 것은 아이의 호기심을 자극하고, 깊이 있는 학습을 도와준다.

사람이 적은 부스 방문

인기가 많은 부스보다는 사람들이 적은 부스를 방문해라.
이렇게 하면 아이가 궁금한 점을 더 쉽게 질문할 수 있고, 더 많은 정보를 얻을 수 있다.

전문가와의 대화 경청

아이가 전문가와 대화할 때 그 내용을 잘 경청해라.
전문가의 피드백은 아이의 관심 분야에 대한 깊이를 이해하는 데 큰 도움이 된다.
이를 통해 아이의 진로 방향을 설정하는 데 중요한 정보를 얻을 수 있다.

02 인터뷰로 진로 투어를

나는 똘망군의 이야기를 흘려듣지 않는다. 내가 가장 좋아하는 말은 '반응하는 엄마, 흘려보내는 엄마'라는 말이다. 아이들은 다양한 형태로 자신의 관심사로 표현한다. 어떤 친구는 눈빛으로 어떤 친구는 사소한 몸짓으로.

똘망군은 무기를 좋아해서 무기와 관련된 직업을 하고 싶다고 했다. 그래서 나는 무기와 관련된 직업을 찾아보기 시작했다. 처음에는 육사를 가고 싶다고 했지만, 실제 육사에 다니는 삼촌을 만나고 나서 육사는 무기를 만드는 곳이 아니고 무기를 활용해서 전투에 참여하는 직업임을 알고 마음을 바꾸었다. 그 후 여러 박람회를 돌아다니다가 무기과학자가 있다는 사실을 알게 되었다. 국방과학기술원(ADD)이 바로 그곳이다.

우리는 주말을 이용해 아는 지인도 만날 겸 대전으로 내려갔다. 우리 가족은 목표가 생기면 특별한 이유가 없으면 그곳에 가보려고 한다. 그런데 국방과학기술원은 내 비게이션에 나오지 않았다. 군사기밀이기 때문이다. 다행히 아는 분께서 국방과학연구원에 계신 지인을 소개해 주셨다.

국방과학기술원 옆에 있는 다른 건물 이름을 알려 주셔서 정문 앞에 도착할 수 있었다. 그곳에서 ADD 연구원분을 만났다. 똘망군은 여러 가지 질문을 했다. 그러던 와중에 똘망군은 "ADD 연구원분들은 대부분 어느 대학, 어떤 고등학교, 학과를 나오셨을까요?"라는 질문을 하게 되었다.

"다양한 대학을 나오셨는데, 많은 분들이 서울대와 카이스트를 주로 나오셨고, 영재고와 과학고 출신들이 많아요. 그리고 상당수는 박사학위자입니다."라고 말씀해 주셨다.

그때부터 똘망군은 과학고와 영재고에 가고 싶다고 조르기 시작했다. 이렇게 아이의 관심 분야에 관련된 직업인을 만난 것만으로도 아이는 많은 것을 배웠다. 연구원 분께서 미국과 이스라엘 유학도 권유해 주시니, 유학도 생각해 보게 되었다. 내가 말했으면 과연 그렇게 동기부여가 되었을까 싶다.

에나지의 꿀팁

아이의 관심사에 귀 기울이기

아이의 눈빛이나 사소한 몸짓을 통해 아이의 관심사를 파악하고 그에 맞는 활동을 찾아보면 진로 탐색에 도움이 된다.

관련 직업 탐색

아이가 관심을 보이는 분야와 관련된 직업을 적극적으로 찾아봐라. 실제 직업인을 만나게 하거나, 관련 박람회에 데려가면 아이에게 큰 동기부여가 된다.

전문가와의 만남 주선

아이가 관심 있는 분야의 전문가를 만날 기회를 만들어 주라. 전문가와의 대화는 아이에게 깊이 있는 정보를 제공하고, 진로에 대한 구체적인 방향을 제시해 줄 수 있다.

SNS를 활용하기

주변 지인들 중에 전문가가 없다면 블로그나 인스타 등등으로 그 인물과의 접촉점을 시도해라. 그러는 과정 중에 그 꿈은 더욱 단단해지고 확장된다.

03 영화, 드라마로 진로 투어를

우리 집은 신혼 초부터 TV가 없었다. 남편이 결혼할 때 거의 모든 부분을 양보했지만, 한 가지는 꼭 지키고 싶다고 했다. 그것은 바로 TV 없이 사는 것이었다. 그 이유는 남편이 자라온 가정에서 TV가 항상 식사 시간에 켜져 있어 가족 간 대화가 없었던 경험 때문이었다. 그는 우리가 함께 만드는 가정에서는 대화가 넘치기를 바랐다. 처음엔 어색했지만 이내 대화가 일상이 되었다.

우리 거실은 자연스럽게 서재로 꾸며졌고, 세 면이 책으로 둘러싸인 가운데 큰 10인용 탁자가 놓여 있었다. 이렇게 책과 함께하는 삶이 우리 가족의 문화가 되었다. 그러던 중 남편은 금요일 밤과 토요일 밤, 특별한 선물을 들고 오기 시작했다. 바로 그가 직접 선별한 드라마와 영화였다.

똘망군과 우리 부부는 주말이 오기만을 기다리며, 그 시간을 손꼽아 기다리곤 했다. 남편은 항상 미리 영상을 보고 유해한 장면은 스킵하는 등 우리 가족을 위한 배려를 아끼지 않았다.

나는 똘망군에게 몇 가지 특별한 선물을 주고 싶었다. 신앙 생활, 독서 습관, 그리고 음악 연주가 그것이었다. 피아노 연주에 흥미를 붙이게 하기 위해, 초등학교 1학년 때 일본 드라마 〈노다메 칸타빌레〉를 함께 보았다. 똘망군은 이 드라마를 너무나 즐

겹게 보았고, 이후로 매일 4시간씩 피아노를 연습하며 피아노에 푹 빠지게 되었다.

초등학교 4학년 때는 중국 드라마 〈삼국지〉의 시리즈 중 '사마의'를 함께 보았다. 사마의와 양수의 성품을 비교하고, 전술과 책략, 그리고 인간됨에 대해 많은 토론을 나누었다. 아무리 뛰어난 능력이 있어도 지나치게 드러내면 오히려 화를 당할 수 있고, 겸손이 최고의 미덕임을 깨닫게 해 준 시간이었다. 이 경험은 똘망군에게 꼭 필요한 가치관을 심어 주기에 충분했다.

또한 우리 가족의 인생 드라마는 단연 〈미생〉이었다. 우리는 이 드라마의 대사를 하나하나 외울 정도로 많은 인사이트를 얻었다. 고졸 계약직 사원과 명문대 출신 정직원의 묘한 심리전, 기획 부서와 생산, 영업 라인 등 기업 내 다양한 직무에 대해 깊이 있게 이야기할 수 있는 귀한 기회가 되었다. 이 드라마는 사회와 직업 세계를 이해하고 자신의 위치를 받아들이며, 그 안에서 어떤 태도로 살아갈지 고민할 수 있게 해 주는 최고의 작품이었다. 우리는 1시간짜리 드라마를 보통 2시간 넘게 보았다. 각자 떠오르는 생각이 있거나, 서로의 이야기를 나누고 싶을 때마다 재생을 멈추고 깊은 대화를 나누었기 때문이다. 가끔 의견 차이로 갈등이 생기기도 했지만, 지금 생각해 보면 그 모든 순간이 소중한 기억이다.

드라마는 아이들에게 이상적인 롤 모델을 제시하기도 한다. 최근 〈흑백요리사〉에 대한 인기가 커지면서, 올해 들어 요리사를 꿈꾸는 아이들이 늘어날 것으로 예상된다. 아이들은 멋진 모습에 쉽게 매료되며, 실제로 나 역시 〈호랑이 선생님〉이라는 드라마의 교사를 보며 꿈을 키운 기억이 있다. 드라마 속 직업인들의 모습을 통해 자신의 꿈과 롤모델을 발견할 수 있는 것이다.

 이처럼 자녀에게 특정 직업에 대해 알려 주고 싶다면, 그 직업의 매력을 보여줄 수 있는 드라마를 선별해 가족이 함께 보는 것도 아주 효과적인 진로교육이 될 수 있다. 직업의 특성이 잘 반영된 드라마가 많기 때문에, 부모가 조금만 관심을 가지면 아이들의 꿈을 이끌어 내는 데 큰 도움이 될 것이다.

에나지의 꿀팁

가족 간 대화를 위한 미디어 사용 최소화

TV나 스마트폰을 끄고 대화에 집중하는 환경을 조성하는 것이 중요하다. 이를 통해 자녀와의 소통을 자연스럽게 유도할 수 있으며, 가족 간의 유대감이 깊어진다.

주기적인 영화·드라마 감상 시간 결정

가족이 함께 영화를 보거나 드라마를 감상하는 시간을 주기적으로 정하고, 이 시간을 통해 자녀와 자연스럽게 진로와 가치관에 대해 이야기할 수 있다. 감상한 내용에 대한 대화가 자녀의 사고력과 공감 능력을 키우는 데 도움이 된다.

진로를 탐색할 수 있는 콘텐츠 선별

자녀가 흥미를 가질 수 있는 진로 관련 드라마나 영화를 부모가 미리 선별하여 함께 시청하는 것이 효과적이다. 이때, 아이가 롤모델을 찾거나 꿈을 키울 수 있는 계기가 된다.

영화·드라마 감상 중 토론 및 의견 공유

감상 중간에 잠시 멈추고, 등장인물의 행동이나 가치관에 대해 이야기를 나누는 시간을 갖는다. 자녀가 스스로 생각을 정리해 표현할 수 있는 기회를 제공하고, 부모와 자녀가 서로의 생각을 나누면서 더 깊은 관계를 형성할 수 있다.

04 유튜브로 진로 투어를

유튜브는 이제 우리 삶의 일환이다. 남녀노소 모든 사람들이 자신이 관심 있는 분야를 유튜브로 섭렵한다고 해도 과언이 아니다. 그렇다면 이 부분을 어떻게 활용하면 좋을까?

우리 집은 가족 단톡방이 있다. 그 단톡방은 아빠든 엄마든 아이든 나름 의미 있는 유튜브 영상을 발견하면 올리곤 한다. 뭔가 시스템이 정해진 것은 아니지만, 평소 서로가 관심을 갖고 있던 것이나 알고 싶어하는 부분을 알고 있기 때문에, 가족 누군가가 그것을 발견했을 때 가족 단톡방에 올려서 함께 이야기하는 리추얼이 있다.

자신의 유튜브를 보면 자신이 주로 어떤 분야에 관심이 있는지 금방 알 수 있다. 왜냐하면 알고리즘이 내가 클릭했던 부분뿐만 아니라 내가 누군가와 이야기했던 내용까지도 엿듣고 바로 그것을 찾아 주기 때문이다. 가끔 우리가 옆 친구랑 이야기했던 내용이 바로 유튜브에서 처음으로 발견되었을 때 신기해했던 경험이 있을 것이다. 오히려 그것을 역이용하면 진짜 좋은 정보를 알아낼 수 있다.

예를 들어, 똘망군은 로봇과 무기에 관심이 있으니 아빠는 사회 전반에 대한 여러 가지 기사를 찾아보다가 요즘 무기와 로봇에 관련된 최근 이슈들이나 기사가 있으면 단톡에 올린다. 방산업체의 수출 동향이라든지 새로운 기술 개발 이슈나 로봇의 발전 방향나 최신 로봇 개발 등등 아이에게 도움이 될 만한 것은 수시로 올려준다.

또한 우리 가족의 공통 이슈인 건강과 운동에 대한 좋은 영상도 함께 올리는데, 서로의 대화 소재를 갖게 되어서 이 부분도 추천할 만하다.

특히 여기에서 중요한 것은 바쁜 일상 속에 그 유튜브를 흘려보내기 쉽기 때문에, 그 영상을 처음 보고 가족톡에 올린 사람이 대략적인 내용을 한 줄 요약으로 영상 바로 아래 기록해 주면 보는 사람의 관심 영역이면 집중해서 그 영상을 보게 된다.

이처럼 아이들이 유튜브만 본다고 불만을 토로하는 부모들에게, 역기능을 오히려 순기능으로 활용만 한다면 충분히 유의미한 활동으로 연결시킬 수 있다. 이렇게 되면 아이들과 함께 대화할 만한 소재가 있기 때문에 평소 지시적 대화보다 좀 더 폭넓은 대화를 할 수 있게 되어 아이들과의 대화도 훨씬 풍성해진다.

에나지의 꿀팁

가족 단톡방 활용

가족 단톡방을 통해 유용한 유튜브 영상을 공유하고 대화의 소재로 삼는 습관을 만드는 것이 좋다. 자녀가 관심 있는 주제에 대한 정보를 공유하며 서로의 관심사를 이해하고 소통할 수 있는 기회를 만든다.

관심 분야에 맞는 영상 선별

자녀의 관심 분야를 파악하고 그와 관련된 유익한 콘텐츠를 찾아 단톡방에 공유한다. 예를 들어, 아이가 로봇에 관심이 있다면 로봇 관련 최신 이슈나 기술 발전 영상 등을 공유해 자녀가 진로에 대해 더 깊이 탐색할 수 있도록 돕는다.

한 줄 요약 제공

바쁜 일상 속에서 놓치기 쉬운 유튜브 영상의 핵심 내용을 한 줄 요약하여 단톡방에 함께 적어 주면, 관심이 있는 사람은 빠르게 내용을 파악하고 영상을 볼 수 있다. 이로 인해 자녀가 정보의 핵심을 쉽게 이해하고, 관심 있는 분야의 콘텐츠에 집중할 수 있게 된다.

유튜브의 역기능을 순기능으로 전환

유튜브의 알고리즘을 활용해 자녀가 관심을 가진 분야의 정보를 지속적으로 접할 수 있도록 안내한다. 자녀가 유튜브를 단순한 오락이 아닌 학습 도구로 활용하게끔 유도하면, 자녀와의 대화 소재도 넓어지고, 부모와 자녀 간 소통이 활발해진다.

05 AI로 진로 투어를

나는 요즘 교실에서 모든 수업에 AI 사용을 허용하고, 더 나아가 적극적으로 AI 사용을 권장하는 교사다. 많은 선생님들이 "AI를 쓰면 아이들이 생각하지 않게 되는 것 아닐까?", "복사해서 붙여넣기만 하다가 공부 습관이 망가지는 것 아닐까?" 하는 우려를 가진다. 나 역시 그 걱정을 모르지 않는다. 하지만 아이들이 생각을 멈추게 되는 건 AI 때문이 아니라 수업의 구조 때문이라고 믿는다.

나는 수업을 설계할 때 명확한 흐름과 로드맵을 구성하고, 활동지를 단계적으로 설계한다. 그 위에 AI를 얹으면, 아이들은 오히려 더 즐겁고 깊이 있는 탐색을 하게 된다. 말 그대로, '지시적인 수업'이 아니라 '생각하게 만드는 수업'이 된다.

특히 진로 수업에서 AI는 강력한 도구다. 나는 수업 전체 흐름은 미리 구성하되, 각자의 활동지 완성 과정은 모두 AI를 활용하여 진행하도록 한다. 단순히 직업 하나를 조사하는 것이 아니라, 그 직업이 속한 산업의 현재와 미래 동향까지 조사하게 한다. 그러다 보면 아이들은 "왜 이 진로를 선택해야 하는가?", "내가 이 방향으로 가도 괜찮은가?"를 훨씬 깊이 고민하게 된다.

예를 들어, 어떤 학생이 '영상편집자'라는 직업을 희망한다고 하자. 단순히 "어떤 일을 하나요?"만 조사하면 그 정보는 너무 단편적이다. 하지만 AI에게 "2025년 기준 영상 콘텐츠 산업의 주요 트렌드를 알려 줘.", "영상편집자가 되기 위해 필요한 구체적인 경로를 말해 줘."라고 묻도록 유도하면, 학생은 훨씬 넓고 깊은 시야로 자신의 진로를 바라보게 된다.

내가 할 일은 딱 두 가지다. 질문을 잘 던지게끔 돕는 것, 수업 구조와 활동지를 설계하는 것.

AI가 아이들의 생각을 빼앗아가지 않는다. 잘 설계된 수업 안에서는, AI는 오히려 아이들의 '생각을 이끄는 힘'이 된다. 이제는 "AI 사용을 금지해야 할까?"가 아니라, "AI를 통해 어떻게 더 깊이 생각하게 할 수 있을까?"로 질문을 바꿔야 할 때다. 그 물음에 진지하게 답해 나가는 교실에서, 아이들의 진로는 조금씩 '뾰족하게' 성장하고 있다.

다음은 최근에 진로 수업에 적용했던 활동지이다.

직업군과 산업 동향 탐구

항목	내용정리
1. 현재 유망 직업군 조사	
현재 가장 주목받는 직업군은 무엇인가요? (예: IT, 헬스케어, 친환경 에너지 등)	
인터넷 검색 또는 제공된 자료를 통해 현재 유망 직업군을 조사하고, 그 이유를 간단히 정리하세요.	
2. 미래 유망 직업군 예측	
미래에 각광받을 직업군은 무엇일까요? (예: AI 엔지니어, 데이터 분석가 등)	
미래 직업군의 특징과 필요한 기술을 정리하세요.	
3. 산업 동향 분석	
현재와 미래의 산업 동향은 어떻게 변화하고 있나요? (예: 디지털 전환, 친환경 기술 등)	
산업별 주요 트렌드를 조사하고, 학생들이 관심 있는 산업을 선택해 발표 자료를 준비하세요.	
4. 직업 인터뷰 준비	
관심 있는 직업군의 전문가에게 어떤 질문을 하고 싶나요?	
인터뷰 질문 리스트를 작성하고, 모의 인터뷰를 진행하세요.	

이 활동에서 학생들은 처음에는 정해진 질문을 바탕으로 탐색을 시작한다. 하지만 AI와 대화하며 조사하는 과정에서 자신이 몰랐던 개념이나 분야가 등장하면, 그때부터 질문은 질문을 낳는다.

한 학생은 '게임 기획자'라는 직업을 조사하다가, '스토리텔링', '사용자 경험(UX)', '메타버스' 등의 개념을 새롭게 알게 되었다. 그 키워드를 AI에 다시 물어보며 자연스럽게 다양한 직업군과 산업 흐름에 대한 시야를 넓혀갔다.

학생들은 이 과정에서 단지 직업 하나를 아는 데 그치지 않는다. 활동지에 자신이 알게 된 내용을 기록해가면서, 그 안에 스며든 자신의 흥미, 고민, 가치관을 들여다보는 경험을 하게 된다. 그리고 이 '생각의 흔적들'은 결국 자기만의 진로 지도가 되어간다.

에나지의 꿀팁

'질문'보다 먼저 할 일: 나를 AI에게 소개하라

AI는 나에 대해 아는 것이 없기 때문에, 좋은 조언을 받으려면 처음에는 "나는 어떤 사람일까?"를 설명해 보는 것부터 시작하자. 먼저 나의 성향, 관심사, 상황을 자세히 말해 줘야 한다.

아이와 함께 진로 인터뷰를 해 보자

아이가 흥미 있어 하는 분야가 있다면, 그 직업을 가정하고 AI에게 인터뷰를 요청해 보자. 예를 들어 "나는 UX 디자이너가 되고 싶어. 나에게 질문해 줘."라고 요청하면, 그 직업의 실체를 자연스럽게 익히게 된다.

'정보 수집'에서 멈추지 말고 '의미 연결'까지 가라

AI가 준 정보는 단순히 베껴 적는 것이 아니라, "왜 이게 중요한가?", "이게 나와 무슨 관련이 있을까?"를 생각하고 기록해 보게 해야 한다. 그렇게 되면 더 의미가 명확해져서 자신의 진로가 내면화가 되는 계기가 된다.

AI를 통해 '진로 일기' 또는 '포트폴리오'를 만들어라

우리 가족은 주로 블로그를 많이 사용했다. 그러나 기록과 관련된 AI도 많이 있으니 활용해 보기를 추천한다. 예를 들어 노션이나 클로버 노트, 구글 닥스 등 자신에게 적합한 방법을 찾으면 좋다.

06 주식 투자로 진로 투어를

주식은 산업을 이해하기에 아주 좋은 도구이다. 나는 주식 투자를 하면서 전기차에 대해서도 알게 되었고 반도체에 대해서도 알게 되었다. 또한 방위산업이 얼마나 우리나라의 핵심 산업이라는 것도 알게 되었다.

나는 학교 진로수업에서도 주식을 통한 진로교육을 한다. 아이들에게 모두 자신이 관심 있는 분야에 대한 우리나라 대표기업을 조사하는 형식이다. 실사례로 인테리어 디자이너를 꿈꾸는 학생이 자신이 꿈꾸는 분야가 얼마나 미래전망이 좋은지에 대해 조사하기 위해서 한샘이라는 기업을 조사하여 발표하였다.

이 조사를 통해 인테리어 업계의 전망은 긍정적이라고 생각하게 되었으며 최근의 폭락은 산업의 하향세가 아니라 단지 기업에서 있는 담합 이슈였기 때문에 자신이 그 분야에 진출하기에 특별히 문제가 될 것이 없다고 판단도 하게 되었다. 또한 자료조사를 하면서 미래의 인테리어 산업의 큰 고객은 시니어 세대가 될 것이며 그분들이 중요시 여기는 것이 편리성이기 때문에 결국 토탈인테리어 쪽으로 방향이 흘러갈 것이라고 예측했다.

또한 똘망군의 경우도 국방과학기술원의 일원이 되고 싶다고 해서 우선 우리나라의 방위산업에 대한 전반적인 흐름을 알게 하고 싶었다.

그래서 남편과 나는 어느 날 똘망군에게 "너가 가장 가능성이 있는 우리나라 방위산업기업의 주가 흐름을 조사해서 투자하기에 가장 좋은 기업을 선택한 후, 왜 그 기업에 투자해야 하는지 우리에게 투자 설명회를 해 봐. 만약 설명회가 성공적으로 이루어지면 네 개의 주식을 사주고 다소 아쉬우면 두 개를 사줄게."라고 말했다.

"오호, 엄마 진짜죠? 다음 주 주말까지 준비 해 볼게요."

그 후 똘망군은 주말에 한국항공우주 기업을 조사해서 설명했다. 생각보다 정말 준비한 자료가 탄탄했다. 2021년도의 자료를 지금 다시 볼 때 거의 똘망군의 예측이 맞았으며 본인이 이쪽 진로로 가기에 충분히 가능성이 있다고 판단된다고 했던 기억이 새록새록 하다.

주식은 미래의 희망을 먹고 크는 분야이다. 결국 미래의 가치를 미리 반영하기 때문에 우리 아이들이 갈 미래와 아주 관련이 있다. 아이들이 어떤 관심분야가 생기면 그냥 막연하지만 관심분야 관련한 우량주 하나만 분석해도 그 산업에 발전가능성과 미래 전망에 대해서는 충분히 알아 볼 수 있는 기회를 가질 수 있다.

에나지의 꿀팁

산업 이해를 위한 주식 투자

주식 투자를 통해 다양한 산업에 대해 배우게 된다. 전기차, 반도체, 방위산업 등 다양한 분야의 주식을 분석하면서 산업의 흐름과 미래 전망을 이해할 수 있다.

아이와 함께 투자 분석

아이가 관심 있는 분야의 주식을 함께 분석해 보자. 아이가 직접 주가 흐름을 조사하고, 투자 설명회를 준비하게 하면, 그 과정에서 많은 것을 배울 수 있다.

실제 투자 경험 제공

아이가 준비한 설명회가 성공적이라면, 실제로 주식을 사주는 경험을 제공해라. 이는 아이에게 큰 동기부여가 되고, 경제와 투자에 대한 실질적인 경험을 쌓게 한다.

미래 전망 탐색

주식은 미래 가치를 반영하기 때문에, 아이가 관심 있는 분야의 주식을 분석하면서 그 산업의 발전 가능성과 미래 전망을 탐색할 수 있다. 이는 아이의 진로 선택에 큰 도움이 됩니다.

07 자원 봉사로 진로 투어를

누군가에게 긍휼한 마음을 가진다는 것은 매우 귀한 일이다. 아이들이 어디에서 봉사활동을 해야 할지 난감해할 때, 나는 주로 이렇게 묻는다.

"너는 평소 어떤 사람들에게 불쌍한 마음을 갖거나 사회 어떤 문제에 긴급함을 느끼니?"

사람마다 다르겠지만, 구체적인 대상이나 사회문제에 긍휼한 마음이 생기는 경우가 많다. 나는 유독 고등학생들에게 관심이 많고, 한부모 가정의 아이들에게 관심이 많다. 또한 이 나라의 교육에도 관심이 많다.

어떤 사람들은 시각장애인, 비행 청소년, 독거 노인, 환경문제, 인구 문제, 성소수자 문제 등 다양한 분야에 관심을 가지고 있다. 봉사활동은 단순한 관심을 넘어 사회에 대한 기여와 문제 해결의 기회가 되기 때문에, 아이에게 그 분야에 진심이 담겨 있는지 확인할 수 있는 좋은 기회가 된다.

한번은 우리 반 아이와 진로 상담을 하게 되었다.
"지애야, 지애는 무엇을 하고 싶니?"
"네, 선생님. 저는 노인분들을 위한 일을 하고 싶어요."

"왜? 언제부터 그런 생각을 하게 되었니?"

"제가 지역 요양원에서 봉사활동을 했는데, 할머님, 할아버님들 심부름하고 어깨 주물러드리는 일이 너무 재밌고 의미가 있었어요. 사실 그 어느 때보다도 의미가 있고 행복했어요."

요양원 봉사활동을 통해 본인이 무엇을 행복해하고 의미 있게 생각하는지를 알게 된 지애는 작업치료학과에 들어가서 장애를 가지신 분들이나 요양이 필요한 분들을 돕는 작업치료사가 되어 지금도 잘 활동하고 있다. 사회의 특정 분야에 대해 문제의식을 갖는 것과 특정 대상에 대한 긍휼한 마음은 아무나 갖는 것이 아니다. 오히려 그 특정 분야에 대한 문제의식과 대상을 갖는 것은 소명 의식과 일맥상통한다고 볼 수 있다. 따라서 이 부분을 잘 활용하면 아주 유의미한 직업 선택을 할 수 있다고 확신한다.

에나지의 꿀팁

아이의 관심사 파악

아이가 평소 어떤 사람들에게 불쌍한 마음을 갖거나 사회 어떤 문제에 긴급함을 느끼는지 물어보자. 이를 통해 아이의 관심 분야를 파악할 수 있다.

다양한 봉사활동 경험 제공

아이가 관심을 보이는 분야와 관련된 봉사활동을 찾아보자. 다양한 경험을 통해 아이가 무엇을 행복해하고 의미 있게 생각하는지 알 수 있다.

진심을 담은 활동 확인

봉사활동을 통해 아이가 그 분야에 진심이 담겨 있는지 확인하자.
이는 아이의 진로 선택에 중요한 역할을 한다.

전문가와의 대화 주선

아이가 관심 있는 분야의 전문가를 만나게 하거나, 관련된 봉사활동을 통해 전문가와 대화할 기회를 제공하자. 이는 아이에게 깊이 있는 정보를 제공하고, 진로에 대한 구체적인 방향을 제시해 줄 수 있다.

08 교과목으로 진로 투어를

교과목을 통해 아이의 성향을 대략 예측할 수 있다. 수학을 좋아하고 잘하는 경우는 이과적 성향을, 어문이나 문학을 좋아하는 경우는 문학적 성향을 가졌다고 볼 수 있다. 물론 모든 과목을 잘하거나 모든 과목이 다소 아쉬울 수도 있지만, 학업적으로 뛰어난데 진로를 정하지 못한 경우에는 교과목을 통한 진로교육이 상당히 유의미하다. 교과목을 바텀업 방식으로 올라가다 보면 그 상위 부분에서 전공이 나오고, 전공 위로 올라가면 진로와 만나는 부분이 생기기 때문이다.

대부분의 아이가 경험이 많지 않기 때문에 자신의 진로를 물어볼 때 난감해하는 경우가 많다. 진로가 정해지지 않았어도 기본적으로 성실한 아이들은 주어진 공부를 충실히 하는 경향이 있다. 그래서 나름 상위권을 유지하지만, 고등학교에 오면 상황은 달라진다. 진로가 정해진 아이와 정해지지 않은 아이의 고1 때부터 출발점이 완전히 다르다.

학기 초, 우리 반 상위권인 석류가 나를 찾아왔다.

"선생님, 저 요즘 너무 고민이 많아요. 다른 친구들은 모두 진로가 정해진 것 같은데 저는 하고 싶은 게 없어서 마음이 힘들어요. 친구들은 자신의 진로에 맞게 동아리도 정하고 봉사활동도 하는 것 같은데 저는 진로가 없으니 항상 어떻게 해야 할지 모르겠어요."

"그래, 석류야. 너는 무슨 과목을 좋아하니?", "저는 경제요.", "경제가 왜 좋아?", "저는 경제 시간에 그래프를 보면서 인과관계를 따지며 예측하는 것이 재밌어요.", "그래? 경제 이코노미스트라는 직업이 있는데 한번 그 직업에 대해 탐색해 볼래?", "네, 한번 알아볼게요.", "그럼 내일부터 선생님이 보는 매일 경제 신문을 가져다 줄 테니 한번 읽어 보면서 이코노미스트라는 직업에 대해서 생각해 보렴."

그 후 석류는 고2 때 진로를 정하고 유명 대학 경제학과에 진학했다. 지금도 자신의 전공에 만족해하며 학교 생활을 잘하고 있다.

우리나라 아이들의 가장 큰 문제점은 학교, 학원, 집 이렇게 쳇바퀴 돌 듯 매일을 살아간다는 것이다. 그렇기 때문에 경험이 매우 부족하다. 그럼에도 불구하고 진로는 고1이 되면 정해야 하는 고통을 당하게 된다. 한번은 고2 아이들에게 "중3 동생이 있다면 고등학교 진학하기 전 너는 공부를 열심히 하라고 하고 싶니? 아니면 진로를 정해서 오라고 하고 싶니?"라고 물었을 때 전원 진로를 정해서 오라고 했다고 손을 든 적이 있다. 그 정도로 아이들은 학교에서 진로에 대한 스트레스를 받고 있으며 괴로워하고 있음을 알 수 있다. 이럴 때 쉽게 할 수 있는 방법으로 교과목을 통한 진로교육을 시도해 보길 추천한다.

에나지의 꿀팁

아이의 성향 파악

아이가 좋아하고 잘하는 교과목을 통해 성향을 파악해 보자. 수학을 좋아하면 이과적 성향, 어문이나 문학을 좋아하면 문학적 성향을 가졌다고 대략 예측해 볼 수 있다. 이를 통해 아이의 진로를 탐색해 보는 것부터 시작하는 것도 좋은 방법이다.

교과목을 통한 진로 탐색

아이가 좋아하는 교과목을 바탕으로 관련 전공과 직업을 탐색해 보자. 예를 들어, 경제 과목을 좋아하는 아이에게 경제학과와 이코노미스트 직업을 소개하는 것처럼, 교과목을 통해 진로를 구체화할 수 있다.

실제 경험 제공

아이가 관심을 보이는 분야와 관련된 신문, 책, 또는 전문가와의 만남을 통해 실제 경험을 제공해 보자. 이는 아이가 해당 분야에 대한 이해를 높이고, 진로 선택에 도움을 줄 수 있다.

진로 스트레스 완화

아이들이 진로에 대한 스트레스를 받지 않도록 도와주자. 진로가 정해지지 않았더라도 성실히 공부하는 아이들에게 다양한 경험을 제공하고, 진로 탐색의 기회를 주는 것이 중요하다.

초등학생
진로 투어
노트 설명서

우리는 보통 '나이'라고 하면 생물학적 나이만 떠올리지만, 실제로는 영역마다 따로 '나이'가 존재한다. 예를 들어, 모두가 고등학교 1학년이라고 해서 같은 수준의 수학 문제를 풀 수 있는 것은 아니다. 학년은 같지만, 수학에 대한 이해도나 능력은 다 다르다. 이것이 바로 '수학 나이'다.

진로도 마찬가지다. 아이들마다 진로에 대한 생각의 깊이, 준비 정도, 관심 수준이 모두 다르다. 그래서 진로 수업을 시작할 때 가장 먼저 해야 했던 일은 바로 그 아이의 '진로 나이', 즉 **진로 성숙도**를 파악하는 일이다.

진로 성숙도를 먼저 측정하면 어떤 영역이 부족한지를 객관적으로 알 수 있고, 그에 맞는 솔루션을 제공해 부족한 부분을 채워갈 수 있다. 진로 나이가 성장하면 아이는 자신만의 방향성을 갖게 되고, 확신이 생기면 학습 효과도 자연스럽게 향상되었다.

그래서 나는 중학생이나 고등학생을 진로 상담할 때 항상 진로 성숙도 검사를 가장 먼저 실시한다. 그리고 결과에 따라 부족한 부분을 하나씩 채워가며 아이의 진로 나이를 올려 주는 방식으로 지도한다.

하지만 초등학생의 경우에는 아직 진로 성숙도 검사를 정식으로 실시할 필요는 없다. 대신, 그 검사도구가 어떤 구성 요소들로 이루어져 있는지를 미리 알고, 진로 투어 노트를 통해 관련 경험을 하나씩 실천하게 하면 된다.

이런 준비는 아이가 진로에 대한 감각을 자각하게 되는 '선몽기'가 찾아왔을 때 큰 차이를 만들어 낸다. 이미 많은 경험을 쌓은 아이는 또래보다 진로 나이가 앞서 있고, 자연스럽게 진로에 대한 확신과 동기가 생겨난다.

이 부록은 바로 그 진로 투어 노트를 어떻게 활용하면 좋을지에 대한 가이드다. 아래 문항들을 아이와 함께 하나씩 실천해 보도록 하면 도움이 될 것이다. 그 과정이 곧 진로 나이를 성장시키는 가장 효과적인 길이 될 것이다.

진로 성숙도의 구조는 아래 표와 같다.

단계	영역명	핵심 질문	초등 교육의 목표
1단계	직업에 대한 태도	직업이란 왜 필요할까?	일의 의미와 가치를 긍정적으로 바라보게 하기
2단계	직업의 독립성	누가 내 진로를 정할까?	진로를 스스로 탐색하고 선택할 수 있다는 감각 심기
3단계	직업 선택의 능력	나는 어떤 사람이고, 무엇을 할 수 있을까?	자기이해, 정보 탐색, 진로 판단력 기르기
4단계	직업의 계획	지금 무엇을 준비해야 할까?	진로 목표를 구체화하고 실행 계획을 세우는 힘 기르기

위 표는 커리어넷의 진로 성숙도를 참고해서 에나지가 초등학생의 입장에서 임의로 단계를 만든 것이니 참고하기 바란다.

1단계 직업에 대한 태도

진로교육에서 가장 먼저 다뤄야 할 것은, "직업을 어떻게 바라보는가?"에 대한 마음의 틀이다. 어떤 아이는 이렇게 말한다. "나는 내가 좋아하는 일을 하면서도 먹고살 수 있어요."

하지만 또 어떤 아이는, "일은 그냥 돈 벌려고 하는 거잖아요. 재미는 없어도 참아야죠." 라고 말한다.

이 두 아이가 나중에 어떤 직업을 선택하든, 그 기준과 동기, 삶의 만족도는 완전히 다르게 흘러갈 수밖에 없다.

이런 차이는 대부분 어디에서 시작될까? 놀랍게도 부모의 말 한마디, 평소의 태도, 직업을 대하는 모습에서 비롯된다.

초등 시기의 아이들은 교사의 말보다 부모가 일상 속에서 어떤 직업 이야기를 했는가에 더 큰 영향을 받는다.

"출근 너무 힘들어 죽겠어…"라는 말은, 아이에게 직업이란 '참고 견디는 것'으로 남게 한다. 반면, "오늘 우리 회사에서 이런 프로젝트를 했는데 뿌듯했어."라는 한마다는 '직업은 나를 성장시키고 세상에 기여하는 수단'이라는 인식을 심어 준다.

그리고 이 인식은 단순한 생각의 차원이 아니다.

아이가 앞으로 진로에 얼마나 관심을 갖고, 얼마나 자율적으로 탐색하며, 어떻게 계획을 세워 실천해 나갈 것인지를 결정짓는 토대가 된다.

결국, 진로교육의 시작은 정보도, 계획도, 성적도 아닌 '직업을 바라보는 태도'에서 출발해야 한다. 직업을 '의무'가 아닌 '기회'로 인식한 아이는, 그 이후의 모든 진로 여정에서 더 단단하고 주도적인 선택을 하게 된다.

> ### 직업에 대한 태도의 실제 예시

나는 아이에게 "어떤 직업을 갖고 싶니?"라는 질문 대신, 늘 이렇게 물었다.

"너는 어떤 사람이 되고 싶니?"

표면적으로는 진로에 관한 질문처럼 보이지만, 사실 이 질문의 핵심은 '직업이 아닌 가치'에 대한 물음이었다. 나는 아이가 어떤 직업을 갖든지, 그 일을 통해 세상에 기여하는 사람이 되기를 바랐다. 왜냐하면 진짜 행복은 누군가에게 의미 있는 존재가 될 때 비로소 가능하다고 믿었기 때문이다.

나는 늘 직업을 단순한 생계 수단이 아니라, 소명을 실현하는 수단으로 바라보았다. 그리고 그런 태도가 아이에게도 전해지길 바랐다.

직업은 돈을 벌기 위한 것이 아니라, 개인의 성장, 사회적 기여, 그리고 자아실현을 위한 중요한 장치라는 생각을 평소 대화 속에서 자연스럽게 나눴다.

그런 대화가 누적되면서 똘망군의 답도 점점 달라지기 시작했다.

"어려운 사람을 돕는 사람이요."

"할머니, 할아버지를 돕는 공간을 만들고 싶어요."

"발명대학을 세워서 사람들을 돕고 싶어요."

"하나님 대학을 만들고 싶어요."

이 답변들에는 구체적인 직업명은 없었지만, 직업을 통해 세상을 어떻게 변화시키고 싶은지에 대한 방향성이 담겨 있었다. 아이는 점차 직업을 목표가 아닌, 자신의 사명을 실현하는 도구로 이해하게 되었다. 나는 지금도 똘망군 안에 그 마음이 자라고 있다는 것을 느낀다.

직업을 통해 '어떤 사람이 될 것인가'를 먼저 고민했던 경험은, 아이에게 흔들리지 않는 진로 태도를 심어 주었다.

➡ **이처럼 직업을 단순한 생계 수단이 아닌, '가치 실현과 사회적 기여의 통로'로 바라보는 태도가 바로 '직업에 대한 태도'의 성숙한 모습이다.**

하위 영역	정의	문항	그렇다	아니다
직업에 대한 태도	직업의 의미에 대한 올바른 인식과 직업에 중요성을 부여하는 태도	1. 어떤 직업을 갖는가에 따라 내 삶이 달라질 수 있다.		
		2. 직업은 한 사람이 다른 사람 및 사회와의 관계를 맺는 중요한 수단이다.		
		3. 여자도 군인이나 중장비(포크레인, 덤프트럭) 기사가 될 수 있다.		
		4. 남자도 유치원 교사나 간호사가 될 수 있다.		
		5. 어떤 직업이든지 장점이 있으면 단점도 있기 마련이다.		
		6. 어떤 직업이든지 어려움 없는 직업은 없다.		
		7. 내가 돈이 많은 부자라도 직업을 갖겠다.		

커리어넷의 진로 성숙도에서 태도 부분의 질문지

2단계 직업의 독립성

진로 독립성이란, 자신의 진로를 결정하는 데 있어 외부의 기대나 타인의 의견에만 의존하지 않고, 스스로 탐색하고 선택하며 그 결과에 책임을 지는 태도를 말한다.

이는 심리학자 에드워드 데시(Edward L. Deci)와 리처드 라이언(Richard M. Ryan)이 제시한 자기결정성이론(Self-Determination Theory, SDT)에서 핵심적으로 다루는 '자율성(autonomy)' 개념과 밀접한 관련이 있다.

자기결정성이론에 따르면, 인간은 누구나 본능적으로 스스로 선택하고 행동하기를 원하며, 이러한 자율성, 유능감(competence), 관계성(relatedness)의 세 가지 심리적 욕구가 충족될 때 내적 동기(intrinsic motivation)가 활성화되고 삶의 만족감과 성취도가 높아진다고 본다. 진로 독립성은 이 중 '자율성'의 표현이다. 즉, 진로를 선택하는 과정에서 "이건 내가 원해서 하는 선택이야"라는 감각을 가지는 것, 그리고 그 선택을 자신의 삶의 일부로 받아들이고 책임지는 태도가 핵심이다.

> ### 자율성과 책임의 실제 예시

초등학교 5학년 실과 시간, '나의 꿈'에 대해 발표하는 시간이 있었다. 발표를 마치고 돌아온 날, 똘망군이 나에게 조심스럽게 말을 꺼냈다.

"엄마, 오늘 실과 시간에 좀 놀랐어요."

무슨 일이 있었냐고 묻자, 아이는 친구들의 발표 내용을 들려주었다.

"S는 수학자가 되고 싶다고 했고, 또 어떤 여자친구는 '엄마가 변호사가 되라고 하셨어요'라고 발표하더라고요."

그리고 나서 덧붙였다.

"근데 꿈은 자기가 정해야 하는 거 아닌가요? 왜 엄마가 하라고 해서 정해요?"

그 말 한마디에 나는 아이가 진로를 자신의 선택으로 받아들이고 있다는 것, 그리고 그만큼 그 선택에 대한 책임감도 함께 자라고 있다는 것을 느낄 수 있었다.

사실 똘망군은 어릴 때부터 자기 관심사를 뚜렷하게 표현해 왔다. 3학년 때 무기에

부록

흥미를 느끼기 시작하더니, 전쟁사에 빠져들었고, 그 관심이 '무기 과학자'라는 구체적인 꿈으로 이어졌다. 그 꿈이 생기자, 아이는 자연스럽게 관련 정보를 스스로 탐색하기 시작했다.

책도 찾아 읽고, 관련 영상을 검색하며, 심지어 국방과학기술원 연구원을 만나 인터뷰까지 하게 되었다. 모든 과정이 스스로 하고 싶어서 찾아 나선 일이었다.

부모인 우리는 아이의 이런 자율적인 탐색을 존중해 주려 노력해 왔다. 조언은 하되 강요하지 않고, 방향은 제시하되 선택은 아이의 몫으로 남겨두었다. 그 덕분인지 똘망군은 늘 다른 사람의 의견을 참고하되, 최종 결정은 자신이 내리는 것이 당연하다는 태도를 자연스럽게 갖게 되었다.

그날 실과 시간 이후, 나는 아이가 단순히 꿈을 말할 줄 아는 것이 아니라, 그 꿈을 누구의 것도 아닌 '자신의 것'으로 받아들이고 있다는 점에서 크게 성장했음을 느꼈다.

➡ **이처럼 진로를 타인의 기대나 지시에 따라 수동적으로 결정하는 것이 아니라, 스스로 탐색하고, 주체적으로 선택하며, 그 선택에 책임을 지는 태도는 진로 성숙도 영역 중 '자율성과 책임'의 대표적인 모습이다.**

하위 영역	정의	문항	그렇다	아니다
독립성	진로 결정의 책임을 수용하고 자기 스스로 진로를 탐색하고 선택하려는 태도	1. 나의 진로는 내가 선택하여 그 결과에 대한 책임도 나에게 있다.		
		2. 진로 문제(진학 또는 직업 선택)는 내가 스스로 결정하겠다.		
		3. 내가 배우고 싶거나 하고 싶은 것을 스스로 결정하는 편이다.		
		4. 어떤 진로를 선택하는 것이 좋은지 부모님이나 선생님이 정해 주셨으면 좋겠다.		
		5. 다소 어려운 일이 생겨도 가능한 한 내가 스스로 해결하려고 노력한다.		
		6. 나는 진로를 선택할 때 주위 사람에게 의지하기보다는 스스로 판단한다.		

커리어넷의 진로 성숙도에서 독립성 부분의 질문지

3단계 직업 선택에 대한 능력

진로 성숙도의 하위 영역 중 '능력'에는 네 가지 핵심 요소가 포함된다. 바로 자기이해, 합리적인 의사결정 능력, 정보 탐색 능력, 그리고 희망 직업에 대한 구체적인 지식이다.

아래 검사 도구들을 보면 알 수 있듯이, 이 중 '합리적인 의사결정'은 초등 시기에 다루기보다는 선몽기, 즉 중학교 후반이나 고등학교 초기에 본격적으로 접근하는 것이 적절하다.

따라서 이 책에서는 해당 영역을 간단한 표로만 안내하고, 자세한 설명은 생략하려 한다. 다만, 초등 시기부터 아이가 합리적인 결정을 내릴 수 있도록 사고의 기초를 마련해 두는 것은 충분히 가능하고 바람직하다.

정보탐색 능력과 희망 직업에 대한 지식 역시 지금 당장 어떤 이론이나 설명으로 접근하기보다는, 앞에서 제시한 5부 「호시탐탐 내 아이 진로 투어」에서 소개한 실천 방법들을 꾸준히 따라가다 보면 자연스럽게 쌓이는 부분이다. 어떻게 보면 이 책은 진로 성숙도 중에서도 '능력'이라는 영역을 하나씩 채워가는 과정을 담고 있는 셈이다. 이 능력 요소들은 따로 떨어진 것이 아니라 서로 긴밀하게 연결되어 있고, 아이의 진로 탐색을 위한 기초 체력처럼 작용한다.

그래서 5부 「호시탐탐 내 아이 진로 투어」를 실천할 수 있도록 진로 투어 노트를 별도로 만들어 가정에서 실행할 수 있도록 제작하였다.

우리나라 사설 진로 컨설팅 시장은 이 넓은 진로 성숙도의 영역 중 '자기이해' 한 부분에 지나치게 집중되어 있는 경우가 많다. 특히 '풀 배터리(Full Battery)'라고 불리는 흥미, 성격, 적성 검사 세트를 묶어 제공하고, 그 결과를 해석해 주는 상담 서비스가 상당한 비용으로 운영되는 모습을 어렵지 않게 볼 수 있다. 검사 자체는 분명 도움이 될 수 있지만, 진로 성숙도 전체에서 차지하는 비중은 일부일 뿐이며, 자기이해는 말 그대로 진로 탐색의 출발점일 뿐이다.

어찌 보면, 자기이해가 끝난 후부터가 진짜 진로 탐색의 시작이라고 할 수 있다. 게다가 자기이해는 큰 비용을 들이지 않더라도 마음만 있다면 누구나 커리어넷이나 워크넷과 같은 공공 플랫폼을 통해 무료로 접근할 수 있다.

실제로 교육청과 학교에서도 매년 많은 예산을 들여 학생들에게 다양한 검사 도구를 제공하고 있는데 그 해석지를 자세히 읽어 보고 내면화하지 않기 때문에 크게 도움을 얻지 못하고 있다.

결국 진로교육에서 가장 중요한 것은 '검사' 자체가 아니라, 검사 이후의 결과를 어떻게 내면화하느냐이다. 많은 경우, 이 중요한 과정을 귀찮아서 생략하기도 하지만, 사실은 어떻게 해야 할지 몰라서 하지 못하는 경우도 많다고 생각한다.

나 역시 MBTI나 진로 적성 검사와 같은 검사를 하고 해석지가 주어지면 단순히 결과를 '한 번 읽어 보는 것'으로 끝내지 않는다. 반드시 기록하게 하고, 자신에 대해 다시 한 번 정리해 보게 하는 내면화의 과정을 꼭 거치게 한다.

그 과정을 통해서만 아이는 진짜 자기 자신을 조금 더 깊이 이해할 수 있기 때문이다.

그래서 이 책에서는 복잡하지 않지만 실용적인 진로 검사 해석지를 가정에서 쉽게 실천할 수 있는 방법을 소개하고자 한다. 꼭 실천해서 진로 탐색의 시작이 물꼬가 트이길 바란다.

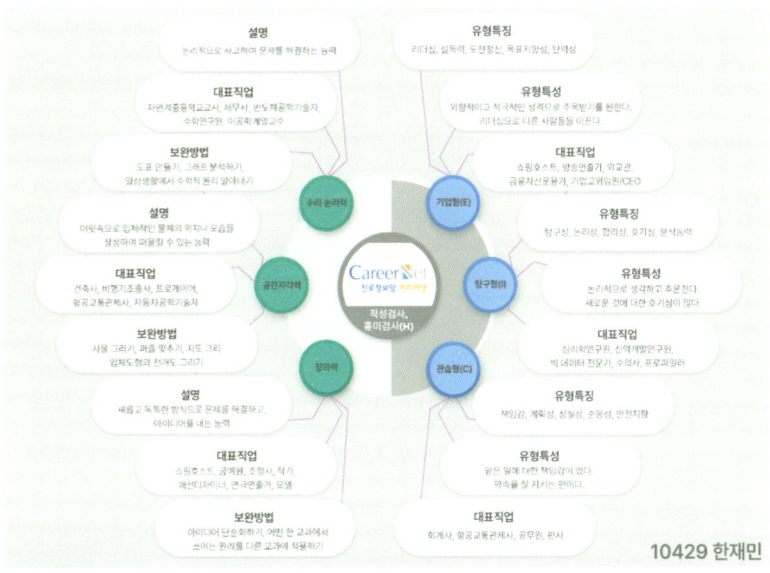

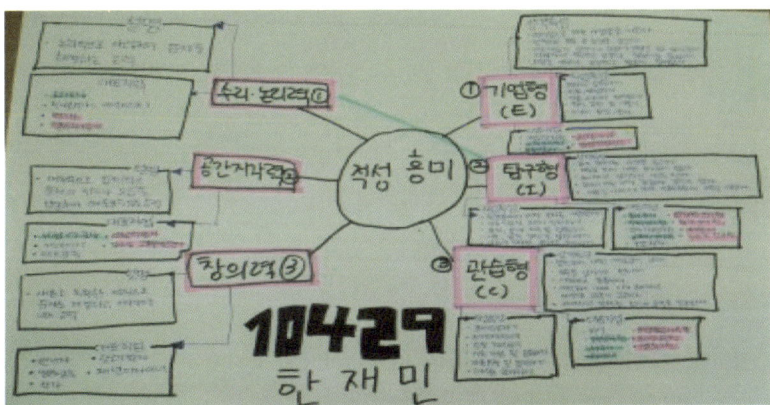

커리어넷 - 적성검사, 흥미 검사(H)
(커리어넷은 교육부와 한국직업능력연구원이 운영하는 공식 진로정보 사이트이다.)

단계별 실천 안내

① 적성검사와 흥미검사 결과를 시각화하기

B4용지 한 장을 준비해 가운데에 아이 이름 또는 "나의 진로 마인드맵"을 적는다.

한쪽에는 적성검사 결과 1~3순위, 다른 쪽에는 흥미검사(Holland) 결과 1~3순위를 색깔을 나눠 크게 써 본다.

② 적성과 흥미의 공통 키워드 찾기

예를 들어, 적성 1순위가 '이과적 수리 능력', 흥미 1순위가 '탐구형'이라면 → 과학 분야, 공학계열, 기계 또는 생명과학 등이 교집합이 될 수 있다. 이 교집합에 해당하는 직업이나 전공 키워드를 가운데 영역에 써 본다.

③ 관심이 가는 분야를 자유롭게 뻗어나가기

교집합 키워드에서 가지처럼 마인드맵을 확장해 나간다.

커리어넷에 참고 될 만한 자료를 자신의 관심사에 맞게 기록하다 보면 구체적으로 시각화가 된다.

예: '생명과학' → '바이오 의학', '유전자 치료', '식물 연구', '동물 보호'…

부모님은 아이의 말을 따라가며 질문을 던지자.

➡ "여기서 제일 끌리는 건 뭐야?"
➡ "이건 어디서 더 알아볼 수 있을까?"
➡ "이런 일 하는 사람들 만나볼 수 있을까?"

> **진로교육 팁: 초등 시기는 '다몽기(多夢期)'이다**

초등학생은 하나의 진로만 고집하거나 좁혀가기보다는, 많이 상상하고, 다양한 관심을 가지며, 넓은 세계를 경험하는 시기로 보는 것이 중요하다.

중학생이 되면 아래처럼 이어가면 가장 이상적이다

중학교 1학년과 2학년은 진로 발달 과정에서 다몽기(多夢期)와 선몽기(先夢期)의 중간 단계라고 볼 수 있다. 이 시기에는 학업과 진로의 균형을 맞추는 연습이 필요하며, 초등 시절 마인드맵을 통해 넓게 펼쳐두었던 관심 분야 중에서 가장 흥미를 느끼는 2~3가지 정도의 분야로 좁혀보는 것을 추천한다.

이제부터는 단순한 상상이 아니라, 실제적인 탐색과 준비의 단계로 접어들 시점이다. 관심 분야에 대해 관련 전공, 고등학교 선택, 독서, 진로 체험 활동 등을 통해 깊이 있는 진로 탐색으로 발전시켜 나가는 것이 중요하다.

특히 중학교 3학년 말과 고등학교 1학년은 우리나라 교육 현실 속에서 본격적인 선몽기로 간주되므로, 이 시기를 염두에 두고 미리부터 진로 방향을 정리하고, 실천적 기반을 다져 두는 '빌드업' 과정이 필요하다.

하위 영역	정의	문항	그렇다	아니다
자기이해	능력, 흥미, 가치, 신체적 조건, 환경적 제약 등 개인이 진로 선택에서 고려해야 할 개인적 특성들에 대한 이해 정도	1. 나는 무엇을 잘할 수 있는지 안다.		
		2. 나는 내가 잘하지 못하는 일이 무엇인지 안다.		
		3. 나의 장점이 무엇인지 안다.		
		4. 나의 단점이 무엇인지 안다.		
		5. 나의 성격에 대하여 잘 안다.		
		6. 내가 즐겁게 할 수 있는 일들이 무엇인지 안다.		
		7. 내가 하고 싶지 않은 일이 무엇인지 안다.		
		8. 내가 중요하게 생각하는 가치가 무엇인지 안다.		
합리적 의사 결정	스스로가 진로를 합리적으로 선택할 수 있다고 생각하는 정도	1. 나는 여러 직업의 장점과 단점에 대하여 충분히 생각해 본 후에 내 진로를 결정 할 수 있다.		
		2. 나는 나의 능력과 가정환경을 고려하여 진로를 결정할 수 있다.		
		3. 나는 먼저 여러 사람들의 의견을 충분히 듣고 진로를 결정할 수 있다.		
		4. 나는 직업에 대한 지식과 나 자신에 대한 이해를 바탕으로 내게 맞는 직업을 선택할 수 있다.		
		5. 원하는 직업을 갖게 위해 필요한 학력이나 자격 을 내가 갖출 수 있는지 판단 할 수 있다.		
		6. 나는 진로를 선택할 때 충분한 시간을 갖고 생각한 후에 결정할 수 있다.		

		7. 나는 직업을 선택하기에 앞서 다양한 직업들에 대해 충분히 알아보고 서로 비교할 수 있다.		
정보 탐색	자신이 진로와 관련된 정보를 활용할 수 있다고 생각하는 정도	1. 나는 관심 있는 학교나 직업에 관한 정보를 찾을 수 있다.		
		2. 나는 진로와 관련된 정보를 제공해주는 기관(청소년상담센터, 진로정보센터, YMCA 등)을 찾아갈 수 있다.		
		3. 나는 내가 관심 있는 분야에 구체적으로 어떤 직업들이 있는지 알아 볼 수 있다.		
		4. 나는 관심 있는 직업에 종사하는 사람을 만나서 그 직업에 대하여 알아볼 수 있다.		
희망 직업에 대한 지식	자신이 관심을 갖는 직업에 대해 구체적으로 알고 있는 정도	1. 자신이 가장 가지고 싶은 직업을 쓰세요.		
		2. 위 직업과 관련하여 다음의 내용에 대해 얼마나 잘 알고 있습니까?		
		3. 필요한 능력		
		4. 교육 수준		
		5. 준비 과정과 자격 조건		
		6. 근무환경		
		7. 임금		
		8. 하는 일		
		9. 미래 전망		

직업의 계획이란?

직업의 계획이란, 자신의 미래 직업을 실현하기 위해 목표를 설정하고, 그 목표에 도달하기 위한 구체적인 준비 과정을 인식하며, 실제로 실천 가능한 실행 계획을 세우는 것을 말한다.

이는 막연한 희망이나 꿈 수준에서 머무는 것이 아니라, 현실적인 정보와 자기 이해를 바탕으로 한 구체적인 진로 경로를 설계하는 능력을 의미한다.

직업 계획이 성숙한 아이라면 다음과 같은 특성을 보인다.
1. 장기적인 진로 목표를 가지고 있다.
2. 그 목표를 이루기 위해 지금 무엇을 해야 하는지 알고 있다.
3. 구체적인 행동 계획을 세우고 이를 실행해 나간다.
4. 진로 정보를 지속적으로 탐색하고 수정해 나간다.

계획성의 실제 예시: 똘망군의 이야기

똘망군은 초등학교 3학년 때부터 역사에 관심을 가졌다. 그 관심은 점차 전쟁사로 확장되었고, 이어 무기에 대한 깊은 흥미로 발전했다. 결국 "나는 무기 과학자가 되고 싶어."라는 꿈으로 이어졌다.

무기 과학자가 되려면 어떤 길을 가야 하는지 궁금해진 똘망군은 스스로 정보를 조사하기 시작했다. 그러던 중 **국방과학기술원의 실제 연구원을 만나게 되었고**, 그 자리에서 무기 과학자가 되기 위한 진로 경로에 대해 들을 수 있었다.

연구원님은 이렇게 말했다.

"최근에 입사한 신입 사원들은 전부는 아니지만 많은 분들이 영재학교나 카이스트 출신 박사들이에요."

이 말을 들은 똘망군은 영재학교에 진학하고 싶다는 새로운 목표를 세웠고, 이를 위해 수학과 과학 과목을 중점적으로 공부하겠다는 구체적인 계획을 세웠다.

이후 똘망군은 예전보다 더 열심히 수학과 과학을 공부하기 시작했고, 실제로 영재학교 진학을 위한 준비를 착실히 실행해 나갔다.

➡ 이처럼 자신의 꿈을 세우고, 필요한 준비를 조사하고, 구체적인 계획을 세운 후 직접 실천해 나가는 과정이 바로 '계획성'의 대표적인 모습이다.

하위 영역	정의	문항	그렇다	아니다
계획	자신의 진로의 방향을 설정해 보고, 그것을 위한 계획을 수립해 보는 태도	1. 나의 진로를 선택하고 계획하는 일은 중요하다.		
		2. 장래에 내가 원하는 일을 하기 위해서 지금부터 준비할 필요가 있다.		
		3. 장래 희망을 이루기 위해 지금 무엇을 해야 할 지 구체적으로 생각해 본다.		
		4. 나의 꿈을 실현하기 위한 나름대로 계획을 가지고 있다.		
		5. 교과공부, 취미생활, 봉사활동 등을 통해 나의 흥미나 적성을 알아볼 것이다.		
		6. 학교 공부를 할 때, 교과 내용을 나의 미래와 관련지으려고 한다.		
		7. 미래를 위해 다양한 경험을 쌓으려는 계획을 가지고 있다.		
		8. 나는 일을 시작하기에 앞서 먼저 계획을 세운다.		
		9. 나는 내가 해야 할 일들을 계획적으로 하는 편이다.		

이제껏 우리는 선몽기 때 실시해 볼 진로 성숙도의 기준을 알아보았다. 선몽기때 우리아이의 진로 나이가 성숙해서 진로를 스스로 선택할 수 있도록 진로 투어를 떠나보자.

진로 투어
노트 예시

예시) 박람회로 진로 투어를

구성 요소	주요 내용(테마별 특성 반영)	자신의 기록 및 설명
활동 계획	• 박람회 이름 • 방문 목적 • 기대하는 부스나 주제	• 박람회 이름: 대한민국 청소년 진로 박람회 • 방문 목적: 다양한 직업을 체험하고 아이의 관심 분야를 넓히기 위해 • 기대하는 부스: 방송국 체험 부스, 로봇공학 부스, 수의사 직업 체험
경험 기록	• 부스별 소감 • 체험 활동에서 느낀 점 • 배운 점 요약	• 로봇팔을 직접 조종해 보고, 동작 원리를 배웠어요. 아이가 "이게 진짜 내 손처럼 움직여!" 하며 굉장히 흥미로워했어요. • 방송 체험 부스에서 뉴스 원고를 읽어 보는 활동도 했는데, 예상외로 아이가 긴장감 없이 잘했어요. 자신감이 붙은 것 같아요.
질문과 답변	• 전문가에게 한 질문과 답변 • 부모와 아이가 함께 나눈 대화와 소감	• 아이 질문: "로봇은 사람이 말한 걸 어떻게 알아듣는 거예요?" • 답변: 연구원 선생님이 '센서'와 'AI 기술'을 설명해 주시며, 앞으로 더 똑똑해질 거라고 하셨어요. • 부모 대화: "이런 쪽이 재있으면 나중에 로봇이나 인공지능 쪽 공부해 보는 것도 좋겠다."
탐구와 다짐	• 박람회에서 관심이 간 주제에 대한 추가 탐구 계획 • 다음에 방문하고 싶은 박람회나 관련 탐구 방향	• 아이가 로봇 분야에 흥미를 보였고, '나중에 로봇 만드는 사람 되고 싶다'고 말함. • 집에 와서 로봇 관련 책을 빌리기로 약속하고, 다음엔 '로보월드' 박람회도 가보고 싶다고 함.

01 박람회로 진로 투어를

구성 요소	주요 내용(테마별 특성 반영)	자신의 기록 및 설명
활동 계획	• 박람회 이름 • 방문 목적 • 기대하는 부스나 주제	
경험 기록	• 부스별 소감 • 체험 활동에서 느낀 점 • 배운 점 요약	
질문과 답변	• 전문가에게 한 질문과 답변 • 부모와 아이가 함께 나눈 대화와 소감	
탐구와 다짐	• 박람회에서 관심이 간 주제에 대한 추가 탐구 계획 • 다음에 방문하고 싶은 박람회나 관련 탐구 방향	

02 인터뷰로 진로 투어를

구성 요소	주요 내용(테마별 특성 반영)	자신의 기록 및 설명
활동 계획	• 인터뷰 대상(직업인, 선배 등) • 인터뷰 목적 • 준비한 질문	
경험 기록	• 인상 깊었던 답변 • 예상 밖의 이야기 • 인터뷰 전후의 생각 변화	
질문과 답변	• 내가 던진 질문과 답변 정리 • 부모와 나눈 대화	
탐구와 다짐	• 배운 점 • 더 알고 싶은 분야 • 나도 도전해 보고 싶은 일	

03 영화, 드라마로 진로 투어를

구성 요소	주요 내용(테마별 특성 반영)	자신의 기록 및 설명
활동 계획	• 시청할 콘텐츠 제목 • 관심 있는 등장인물의 직업	
경험 기록	• 인상 깊은 장면 • 등장인물의 태도나 선택에서 배운 점	
질문과 답변	• 상황에 대한 궁금증 • 등장인물처럼 행동했을 때의 결과 토론	
탐구와 다짐	• 연결된 직업 또는 분야 탐색 • 관련 콘텐츠 추가 시청 계획	

04 유튜브로 진로 투어를

구성 요소	주요 내용(테마별 특성 반영)	자신의 기록 및 설명
활동 계획	• 시청할 영상 제목 • 선택 이유, 기대하는 배움	
경험 기록	• 영상 속 흥미로운 내용 • 몰랐던 정보, 기억에 남는 장면	
질문과 답변	• 영상에서 떠오른 질문 • 부모와 나눈 대화	
탐구와 다짐	• 더 알고 싶은 주제 • 관련 영상 또는 자료 찾아보기	

05 AI로 진로 투어를

구성 요소	주요 내용(테마별 특성 반영)	자신의 기록 및 설명
활동 계획	• 사용해 볼 AI 도구 (예: 챗 GPT, 코파일럿 등) • 활동 목표	
경험 기록	• AI 도구 체험 소감 • 놀라웠던 기능 • 재미있었던 순간	
질문과 답변	• AI 관련 궁금증 • 부모와 나눈 대화 • 해결하고 싶은 문제	
탐구와 다짐	• AI를 연결해 보고 싶은 나의 관심사 • 추가 학습 계획	

06 주식 투자로 진로 투어를

구성 요소	주요 내용(테마별 특성 반영)	자신의 기록 및 설명
활동 계획	• 분석할 기업 • 관심 있는 산업군 • 기대하는 배움	
경험 기록	• 기업 분석 중 새롭게 알게된 점 • 산업 흐름에 대한 이해	
질문과 답변	• 경제/기업 관련 질문 • 부모와의 대화 • 뉴스 또는 자료 정리	
탐구와 다짐	• 더 탐구하고 싶은 산업 • 관련 직업 탐색	

07 자원 봉사로 진로 투어를

구성 요소	주요 내용(테마별 특성 반영)	자신의 기록 및 설명
활동 계획	• 참여할 봉사 활동 종류와 목적 • 기대하는 배움	
경험 기록	• 활동 중 느낀 감정 • 인상 깊었던 상황 • 배운 점	
질문과 답변	• 봉사하면서 생긴 궁금증 • 부모와 나눈 가치 대화	
탐구와 다짐	• 이 활동과 연결되는 직업 • 다음에 참여하고 싶은 봉사	

08 교과목으로 진로 투어를

구성 요소	주요 내용(테마별 특성 반영)	자신의 기록 및 설명
활동 계획	• 흥미로운 교과목 또는 단원 • 관련 직업군 연결	
경험 기록	• 교과 내용 중 재미있던 활동 • 깊게 생각하게 된 개념	
질문과 답변	• 교과와 진로를 연결하며 생긴 질문 • 부모와 나눈 진로	
탐구와 다짐	• 이 교과와 연결된 진로 탐색 • 연계 활동 계획	

'고교학점제,
이 한 권이면
충분합니다!'

"책상 위가 아닌,
삶 속에서 찾는
진짜 진로 이야기"

☆

진로 교사 부부가
삶으로 검증한
진로 실천서

어떻게 아이와 진로를 준비해야 할지 난감한 엄마, 아빠들이여! 이 책 한 권이 선사하는 인사이트로 돌파구를 만들어 보시길! 아이들과의 길고도 즐거운 진로 투어, 떠나봅시다!
― 강혜정(영화사 '외유내강' 대표,
〈베테랑 1, 2〉, 〈모가디슈〉, 〈엑시트〉 등 다수 제작)

모든 아이가 '호시탐탐' 자기 인생을 탐험하며 살아가기를 꿈꾸는 부모에게 이 책은 가장 따뜻하고 실천적인 나침반이 되어줄 것입니다.
― 김미경(강사, MKYU 대표, 『딥 마인』 저자)

『호시탐탐 내 아이 진로 찾기』는 단순한 진로 안내서가 아닙니다. 아이와 부모가 함께 삶의 구조를 설계하고 자기만의 시스템을 구축해 가는 여정입니다.
― 성민기(세종대학교 건축공학부 교수)

『호시탐탐 내 아이 진로 찾기』는 흔들리는 당신과 아이를 붙잡아 줄, 진로라는 여정 속 소중한 닻이 되어줄 것이다.
― 이대로('위드러너' 대표)

이 책은 작은 흥미에서 시작된 진로의 씨앗을 어떻게 키울지, 일상 속에 숨겨진 진로를 어떻게 발견할지에 대한 실질적인 팁이 가득한 책입니다.
― 이지은(교육 전문 기자, 전 〈중앙일보〉 교육 섹션 담당)

아이들의 진로교육은 장기적인 시각으로 아이 자신이 누구인지 알게 해주는 사랑의 교육이 되어야 함을 이 책을 통해 알게 되었습니다.
― 최희수(『거울 육아』 저자 푸름아빠)

미다스북스

추천사는 '가나다' 순으로 수록되어 있습니다.